SELECTED PLAYS OF DOUGLAS HYDE

Irish Drama Selections

General Editors
Joseph Ronsley
Anne Saddlemyer

IRISH DRAMA SELECTIONS
ISSN 0260-7962

1. SELECTED PLAYS OF LENNOX ROBINSON
Chosen and introduced by Christopher Murray
Contains *Patriots, The Whiteheaded Boy, Crabbed Youth and Age, The Big House, Drama at Inish, Church Street,* Bibliographical Checklist.

2. SELECTED PLAYS OF DENIS JOHNSTON
Chosen and introduced by Joseph Ronsley
Contains *The Old Lady Says 'No!', The Moon in the Yellow River, The Golden Cuckoo, The Dreaming Dust, The Scythe and the Sunset,* Bibliographical Checklist.

3. SELECTED PLAYS OF LADY GREGORY
Chosen and introduced by Mary FitzGerald
Contains *The Travelling Man, Spreading the News, Kincora, Hyacinth Halvey, The Doctor in Spite of Himself, The Gaol Gate, The Rising of the Moon, Dervorgilla, The Workhouse Ward, Grania, The Golden Apple, The Story Brought by Brigit, Dave,* Lady Gregory on Playwriting and her Plays, Bibliographical Checklist.

4. SELECTED PLAYS OF DION BOUCICAULT
Chosen and introduced by Andrew Parkin
Contains *London Assurance, The Corsican Brothers, The Octoroon, The Colleen Bawn, The Shaughraun, Robert Emmet,* Biographical Checklist.

5. SELECTED PLAYS OF ST. JOHN ERVINE
Chosen and introduced by John Cronin
Contains *Mixed Marriage, Jane Clegg, John Ferguson, Boyd's Shop, Friends and Relations,* prose extracts, Bibliographical Checklist.

6. SELECTED PLAYS OF BRIAN FRIEL
Chosen and introduced by Seamus Deane
Contains *Philadelphia, Here I Come, Translations, The Freedom of the City, Living Quarters, Faith Healer, Aristocrats,* Bibliographical Checklist.
For sale only in North America.

7. SELECTED PLAYS OF DOUGLAS HYDE
Chosen and introduced by Gareth W. Dunleavy and Janet Egleson Dunleavy
Contains *The Twisting of the Rope, The Marriage, The Lost Saint, The Nativity, King James, The Bursting of the Bubble, The Tinker and the Sheeog, The Matchmaking,* Bibliographical Checklist. This volume publishes the original Irish language texts with Lady Gregory's translations.

8. SELECTED PLAYS OF GEORGE MOORE AND EDWARD MARTYN
Chosen and introduced by David B. Eakin and Michael Case
Contains *The Strike at Arlingford, The Bending of the Bough, The Coming of Gabrielle, The Passing of the Essenes*; and Martyn's *The Heather Field, Maeve, The Tale of a Town, An Enchanted Sea,* Bibliographical Checklist.

SELECTED PLAYS OF DOUGLAS HYDE

'An Craoibhin Aoibhinn'

with translations by Lady Gregory

chosen and with an introduction by
Gareth W. Dunleavy
and
Janet Egleson Dunleavy

Irish Drama Selections 7

1991
COLIN SMYTHE
Gerrards Cross, Bucks.

THE CATHOLIC UNIVERSITY
OF AMERICA PRESS
Washington, D.C.

Copyright 1901, 1902, 1903, 1904 and 1905 by Douglas Hyde
This selection copyright © 1991 by Colin Smythe Limited
Introduction copyright © 1991 by Gareth W. Dunleavy and
Janet Egleson Dunleavy

All rights reserved

This book is sold subject to the condition that it shall not, by way of trade or otherwise, be lent, resold, hired out, or otherwise circulated without the publisher's written permission in any binding other than that in which it is published and without a condition similar to this being imposed on the subsequent purchaser.

This selection first published in 1991 by
Colin Smythe Limited, Gerrards Cross, Buckinghamshire

British Library Cataloguing in Publication Data

Hyde, Douglas, *1860-1949*
   Selected plays of Douglas Hyde : 'An
   Craoibhin Aoibhinn'. — (Irish drama
   selections) ISSN 0260-7964; 7).
   1. Drama in English. Irish writers — 1837-
   1945 — Anthologies
   I. Title   II. Dunleavy, Gareth W.
   III. Dunleavy, Janet Egleson.   IV. Series
   822'.8'0809415

   ISBN 0-86140-095-X
   ISBN 0-86140-096-8 Pbk

First published in North America in 1991 by The Catholic University of
America Press, Washington, D.C.

Library of Congress Cataloging-in-Publication Data

Hyde, Douglas, 1860-1949.
   [Plays. English & Irish. Selections]
   Selected plays of Douglas Hyde, "An Craoibhin Aoibhinn" / chosen and with an introduction by Gareth W. Dunleavy and Janet Egleson Dunleavy.
   p. cm. — (Irish drama selections : 7)
   Bibliography: p.
   ISBN 0-8132-0682-0.   ISBN 0-8132-0683-9 (pbk.)
   1. Hyde, Douglas, 1860-1949 — Translations, English.   I. Dunleavy, Gareth W. II. Dunleavy, Janet Egleson. III. Gregory, Lady, 1852-1932. IV. Title. V. Series.
PB1399.H9A24 1988
891.6'244 — dc19   88-23712
                                                                                  CIP

Produced in Great Britain
Typeset by Inforum Typesetting, Portsmouth
Printed and bound by Billing & Sons Ltd., Worcester

CONTENTS

Introduction by Gareth W. Dunleavy and Janet Egleson Dunleavy
  I. The Many Visions of Douglas Hyde 7
  II. Lady Gregory and the New Irish Theatre 13
  III. A Tale of Ten Plays 16
  IV. Irish Texts and English Translations 23
  V. Conclusion 30

A Note on the Texts 31

Casadh an tSúgáin 34
The Twisting of the Rope 35

An Tincéar agus an tSidheog 56
The Tinker and the Sheeog 57

An Pósadh 80
The Marriage 81

An Naomh ar Iarraid 108
The Lost Saint 109

Dráma Breithe Críosta 120
The Nativity 121

Pleusgadh na Bulgóide, or The Bursting of the Bubble ... 135

Rí Séamus 152
King James 153

An Cleamhnas 168
The Matchmaking 169

Bibliographical Checklist by Frances-Jane French 188

INTRODUCTION

I

The Many Visions of Douglas Hyde

Unlike Lady Gregory, John Millington Synge, Sean O'Casey, Lennox Robinson, and other well-known Irish playwrights, Douglas Hyde (1860–1949) was not primarily a theatre person. Nor did he write for the theatre, like W. B. Yeats, as an aspect of his devotion to a sister muse. Playwriting was, in fact, but one of his many contributions to twentieth-century Irish culture. When in 1938 he was elected first President of Ireland, the unanimous choice of all political parties and factions, he brought to this last of many roles the prestige of an important scholar, a noted author, and a leader of the cultural nationalist movement that had inflamed the hearts of the Easter, 1916 martyrs. That his one-act plays, classics of the modern Irish theatre, continue to be performed today, both in their original Irish as well as in Lady Gregory's English translations, is but one indication of the versatility of his talent and his appeal to both popular and artistic tastes. The apprenticeship through which he developed his skill with words and his understanding of the unities that underlay apparent diversities of Irish tastes and attitudes was as unusual and unpredictable as the man himself.

As a boy in County Roscommon, fascinated by varieties of local speech that reflected the divisions of social, economic, linguistic, and cultural background among those with whom he came in daily contact, Hyde used to record snatches of Irish and English conversation in his diary. At Trinity College he participated enthusiastically in debates that were a feature of College Historical Society meetings. Awarded a B. A. in 1884, he remained in Dublin to continue studies in the law; his true interests, however, were literature and history. He joined the Dublin Shakespeare Society and became an active participant in its regular playreading sessions. A light-hearted amateur actor, in May, 1890 he appeared on the stage of the Mosaic Club, of which he was also a member, in performances of *The Heir-at-Law* and *The Liar*.

In 1898, at Lady Gregory's annual Coole Park children's Christmas party, Hyde joined Norma Borthwick, an enthusiastic supporter of the language, in presenting an Irish Punch-and-Judy

show. Remembering his ear for dialogue and his flair for the dramatic, two years later Lady Gregory urged him to write something in Irish for the new theatre project which she and W. B. Yeats had launched in 1899. Then in his eighth successful year as President of the Gaelic League, an organization founded in 1893 to preserve and promote the language, Hyde was more than receptive to this suggestion, for by his own example he hoped to encourage the efforts of writers who had begun to compose poems, plays, and stories in Irish. Without them, he believed, there would be no modern voices to carry on the tradition he had sworn to preserve. The many ways in which Hyde fostered the new national literature that emerged in English and Irish during the next decade contributed significantly to the Gaelic League's phenomenal growth, in Ireland and in dozens of other countries as well, during this period. By 1915, his own publications included, in addition to the eight one-act plays here reprinted, other dramas in which he collaborated with Lady Gregory (the most popular translator of his Irish plays), original poetry in Irish, editions in Irish of native poetry and folktales, English translations and adaptations from the Irish literary and oral traditions, and critical and scholarly essays in the relatively new academic field called Celtic Studies. For his work Hyde is recognized today as a pioneer member of the twin major cultural and literary movements that both shaped and were shaped by modern Ireland, the Gaelic Revival and the Irish Literary Renaissance.

The immediate circumstances surrounding the writing of Hyde's first play seem so casual in retrospect that it is curious now to think how modest are the moments that make cultural history. On 26 August 1900, he had been one of a small group, headed by Lady Gregory and W. B. Yeats, that was responsible for erecting a headstone over the grave of Blind Raftery, an Irish poet whose works had been kept alive through the folk tradition. Following a brief ceremony to commemorate the event, most of the party returned to Coole, where Lady Gregory had invited Hyde, his wife, and W. B. Yeats to stay on for a few days. Talk turned as it had in the past to the need for drama in Irish. 'Casadh an tSúgáin', a well-known folktale, was settled upon as a story that easily could be made into a play. On 27 August Yeats provided Hyde with a scenario that he had sketched out, to indicate how such a play might be developed. Taking Yeats's notes to his room, Hyde closeted himself for two days, foregoing the shooting and conversation and walks by the lake that were his favourite pastimes, to see what he could make of them. Late in the afternoon of 29 August he put the finishing touches to his manuscript. Then, so tired from this concentrated effort that he felt rather ill, he dressed and joined the others for dinner. A bottle of

Introduction

champagne provided by Lady Gregory to celebrate the event helped restore him in both body and spirit. At intervals during the next two days he read aloud from the pages he had written in his small, slanted hand to Lady Gregory, who used her typewriter to make a clean, readable copy. The result, a simple one-act dramatization that combined Hyde's and Yeats's differing concepts of the folktale, was the immensely popular comedy that has charmed audiences, both in Hyde's original Irish and Lady Gregory's English translation, many times since. For the play's first performance in 1901, although many years had elapsed since he had played in the Mosaic Club's amateur theatricals, Hyde returned to the stage to create the role of Hanrahan. His pleasure in acting reawakened by the experience and encouraged by enthusiastic reviews, Hyde continued to delight audiences in his other one-act plays written and published in Irish, in response to popular demand, between 1901 and 1914. Each play was recognized by those who saw it as unmistakably and uniquely Hyde's own. Each assured full houses for the new Dublin theatre companies and Gaelic League theatre groups then springing up across Ireland. And, as playwrights who came after him and critics and scholars have acknowledged, each had its influence on Irish theatre history.

Until recently, despite Douglas Hyde's long public career, little was known about him as a private person. Born on 17 January 1860 in the home of his maternal grandfather, Archdeacon John Oldfield, in Castlerea, County Roscommon, he spent his first seven years in Kilmactranny, County Sligo. The sketchy facts of his early life as they are presented in standard reference works are often contradictory; many details of his early education and upbringing have been conjectured rather than known. Far from being the kindly, rustic vicar portrayed by some writers, for example, Douglas Hyde's father was a hot-tempered, hard-drinking Church of Ireland parson with whom Douglas's relationship was strained and stressful. Life in the glebe house at Frenchpark, to which the Reverend Arthur Hyde moved his family from Kilmactranny in 1867, when he took up duties as rector to the DeFreynes (an Ascendancy family to whom he was related), was neither a bucolic idyll nor a Big House retreat from the realities of nineteenth-century Ireland. In the years following the move, young Douglas chose for his friends and informal tutors Irish-speaking, card-playing, snuff-taking, poteen-sampling, Fenian-loving Frenchpark countrymen and women of stone cottage and bog cabin. His boyhood diaries, begun in 1874 shortly after his fourteenth birthday, describe in Irish his long sessions with Séamus Hart, Lord Defreyne's gamekeeper, and his rambles across the bogs alone, with his father and brothers, and in the company of Dockery, Connolly, Lavin, or one of the other glebe house or Frenchpark

workmen or tenants. Until he mastered the mysteries of Irish orthography, a task to which he assigned himself during the two years before he went off to Trinity in 1880, these accounts were written in a peculiar phonetic spelling he had devised to help him learn the language. His habit of reproducing phonetically in his diaries the dialogues he heard daily later made it easier for him to collect folklore in Irish-speaking areas of the west. Indeed, tales taken down by him from venerable Connacht informants, which Hyde then translated and published, depended for their success on dialogue and dramatic retelling – qualities of the vernacular remembered from his boyhood experiences. These same memories served when he wrote the short dramas republished here that depict popular, earthy situations in rural settings.

Young Hyde's Irish diaries of 1877–1880 reflect his progress in writing Gaelic script, learned in part from Neilson's *Introduction to the Irish Language* (1843). By 1877, when he was seventeen, he was also filling his copybooks with fiercely anti-English verse composed in English, much of it in dialogue form, and reporting in Irish in his diary the success of a Fenian meeting held in Frenchpark on 25 February. From Hart, Martin Brennan, Walter Sherlock and other Irish speakers at whose hearths he had listened as a boy in Roscommon he later collected the tales that appear in *Beside the Fire*, published in 1890, the first of several works by Hyde credited by scholars as major source books of the Irish Literary Renaissance. Hyde's first poems, mostly in Irish, appeared in *The Shamrock* between 1879 and 1882. It was during these years that he adopted the pseudonym, An Craoibhín Aoibhinn (the delightful little branch), by which he was popularly known for the remainder of his life.

Hyde's Trinity College years were rich in achievement, represented by the gold medals he won in modern literature and other subjects, a special prize in theology, and a doctorate in law (although he was awarded an LL.D., he never practised before the bar). On his return to Ireland in 1891, from a one-year interim professorship at the University of New Brunswick, he assumed the presidency of the National Literary Society. His inaugural lecture, 'The Necessity for De-Anglicizing Ireland', presented in November 1892 and often reprinted, became the most famous and influential address of his public career. His persuasive argument was that the Irish should on the one hand reclaim their native language and customs and on the other disavow English dress, literature, music, games, and social and political ideas. In 1893, at the suggestion of Eoin MacNeill, another scholar-activist of the Gaelic Revival, the Gaelic League was formed. Recognized for his fiercely articulate efforts on behalf of the

Introduction

language, his outstanding Trinity record, and his demonstrated capacity for leadership, Hyde was elected president of this organization as well, a position he held for twenty-two years. Fulfilling his responsibilities to the Gaelic League with remarkable singleness of purpose, he headed a popular campaign to keep Irish alive wherever it was still spoken and to encourage its acceptance for its own sake elsewhere in Ireland.

In 1905–1906, on behalf of the Gaelic League's 600 branches and 50,000 members, Hyde made a triumphant fund-raising tour of fifty-two United States cities and revisited Canada. This tour provided vitally needed funds for the League's Irish-language campaign. In addition, the attention he received from the American press, the respect with which he was treated by most Irish-Americans, and the warmth of his reception at the White House by President Theodore Roosevelt marked Hyde as a man of immense prestige and strengthened his reputation and influence on his return home to Ireland.

Hyde's truly radical and revolutionary scheme for Ireland was to achieve de-anglicization without reliance on political party. His campaign was brought to all regions of the country by full-time paid organizers, followed by travelling teachers whose first responsibility was to hold Irish language classes, but who also taught Irish history, folklore, and traditional music and dancing and set up *céilithe* (traditional dancing sessions) and *feiseanna* (festival competitions) in scores of cities and market towns. The presentation of short plays in Irish, written by promising young writers in imitation of Hyde's example, was a feature of these festivals. By 1913, twenty years after its founding, the Gaelic League was attracting annually thousands of shopkeepers, artisans, students, and housewives to local language classes in which they learned to speak Irish and write its script. Summer schools with programmes of dances and games attracted hundreds of Gaelic Leaguers whose sense of achievement was enhanced by the fact that they were also enjoying themselves.

In 1909 Hyde was appointed to the chair of modern Irish in University College, Dublin, a constituent campus of the newly established National University of Ireland. He had led the League's successful battle to install Irish as a compulsory subject for matriculation in the new University; his goals were slowly being accomplished. But at the same time a movement begun by impatient nationalists within the League, who advocated provocation and physical force as a means of achieving independence, was gaining momentum. The result was a turning away from Hyde's policies of moderation, compromise, and conciliation that had brought and held together Catholic and Protestant, priest and minister, Unionist and Nationalist, for a common, apparently non-political cause. (In

fact, Hyde's long-term goals always were political.) League spokesman for the Sinn Feiners, as members of the physical-force movement came to be called, was a young barrister, Pádraic Pearse – in the Easter Rising of 1916, the man who read the Proclamation of the Irish Republic from the Post Office steps. Pearse put the revolutionary viewpoint bluntly 'Whenever Dr. Hyde, at a meeting at which I have had a chance of speaking after him, has produced his dove of peace, I have always been careful to produce my sword; and to tantalise him by saying that the Gaelic League has brought into Ireland "not Peace but a Sword". ' At an election meeting held in August, 1915, the revolutionaries won the day, and Hyde resigned the presidency he had held from the organization's founding date.

For the next ten years, although still a loyal participating member of the Gaelic League and close friend of many of the men and women who became the new leaders of the struggle for Irish independence, Douglas Hyde devoted most of his time to writing, university teaching, and scholarly research. Co-opted in 1925 by vote of existing members of the Senate of the Irish Free State to serve a term in that body, for a year he divided his time between university and government obligations in Dublin and writing in his Roscommon home, 'Ratra', which had been purchased and presented to him by the Gaelic League. In 1932, at the age of seventy-two, he retired from his University College post and returned – permanently, he thought – to 'Ratra', where he continued his writing and research. In 1937 he published *Mo Thurus go hAmerice*, an account of his 1905–06 American tour, and *Mise agus an Connradh* a memoir of his years as League president. Called back to public service in 1938, first as a senator and then as first President of Ireland under the new Constitution of 1937, a position in which once more his task was to find unity in diversity, in 1945 he completed the term of office, despite physical handicaps suffered in 1940 as a result of a stroke. Urged to stand for reelection, he declined but remained close at hand, in Dublin, in a historic new role: first Irish elder statesman. Douglas Hyde died on 12 July 1949 at 'Little Ratra', his Phoenix Park residence near Áras an Uachtaráin (the President's Mansion). He lies buried in the graveyard of his father's church at Portahard, near Frenchpark.

Within weeks after his death, Hyde's library was auctioned; his papers and manuscripts, dispersed into private hands, until recently were inaccessible to scholars. In Roscommon, 'Ratra', unroofed for a decade, finally fell before the bulldozer in 1972. For many years post-1916 Ireland reserved no niche in its pantheon of political martyrs and military leaders for Douglas Hyde. The prevailing image was that of a genteel son of three generations of Church of Ireland

Introduction

clergyman who eschewed politics; who never severed fully his ties with the Big House; whose zeal for preserving the Irish language propelled him to the fore in 1893 as leader of a non-political cultural revival; who was toppled from this position in 1915 by physical-force advocates within the Gaelic League; who remained in eclipse for nearly a quarter of a century until his re-emergence in 1938 as the ceremonial head of the new Irish state.

Four decades after Hyde's death, the inevitable reassessment is underway, and new stock must be taken of Douglas Hyde's roles as folklorist, poet, translator, and playwright, each assumed at a carefully chosen time for what it could contribute to the twofold goal of his life: first the cultural, then – as an inevitable consequence – the social and political independence of Ireland.

II

Lady Gregory and the New Irish Theatre

Hyde's relentless crusade to salvage the remnants of Irish folklore and rescue the Irish language from extinction occasioned his first meeting with Lady Gregory in the summer of 1897. They came together by accident at Edward Martyn's home, 'Tillyra', while Hyde was taking a welcome pause from his search of the Galway countryside for informants with recollections of Blind Raftery, the Connacht poet. Lady Gregory knew who Hyde was – she had been impressed with his *Love Songs of Connacht*; he had heard of her similar interests. Out of this meeting came a literary collaboration and lifelong correspondence.

Hyde and Augusta Gregory were remarkably similar in background and personality. Both were born into the Protestant religion and the Ascendancy class; on the Big House estates where they lived, each had been tutored in cabin culture; both had become literary nationalists. Before they met, each had learned to cross and recross the line between Big House and cabin in the west of Ireland. One dedicated to reviving the Irish language, the other soon to dedicate herself to establishing an Irish theatre, both were committed to the recovery of what remained of Irish folk tradition. Together they joined forces to press a search that each had earlier undertaken alone for what could be told of the life and recalled of the poems of Raftery. Her participation in Hyde's Gaelic League gave a new focus to Lady Gregory's Irish interests; his perception of the potential for drama in Irish was given new impetus by her vision of an Irish Literary Theatre. Through their mutual friend, John Quinn of

New York, both received American support for the organizations they supported and led: Hyde beginning with his tour of 1905–06; Lady Gregory beginning with the Abbey Theatre's first visit to America in 1911–12.

In *Poets and Dreamers* (1903), which contains four of her English translations of Hyde's one-act plays, Lady Gregory stated publicly that drama in Irish began with the Punch-and-Judy show performed by Hyde and Norma Borthwick for her schoolchildren's Christmas party at Coole in 1898. Perhaps no one cared (or dared) to correct her, but actually Hyde, Norma Borthwick, and other important Gaelic Leaguers had gone to Letterkenny, Donegal, in November of 1898 to see *The Passing of Conall*, a one-act play written and presented promoting the language through drama, especially puppet shows and short plays. When he tried his skill at these, he was encouraged by their success. In the hands of a writer less gifted in mimicry, with a less-developed sense of humour, with less perception that people learn best when they are enjoying what they are doing, the results of an effort undertaken for admittedly pedagogical and propagandist purposes might have been deadly. In his hands the effort ushered in a new dramatic tradition.

Even before Hyde became interested in testing his talent for playwriting, Yeats and Lady Gregory had recognized that their budding Irish Literary Theatre needed his name and support, and he, in turn, had been pressing the Gaelic League to adopt drama in Irish as an innovative means of popularizing the language revival. He had been, in fact, one of the early subscribers to the Irish Literary Theatre. Ironically, one of Hyde's fellow respondents to Yeats's call for guarantors was Professor John Pentland Mahaffy, the Trinity College don whose stubborn opposition to the formal teaching of Irish in the intermediate education curriculum Hyde later satirized savagely, in the one-act play (here reprinted) entitled *Pleusgadh na Bulgóide*, or *The Bursting of the Bubble* (1903). Enclosed with Mahaffy's five-pound contribution was a note to Yeats (prophetic in retrospect of the controversy to come) expressing his doubt that Irish would be 'any more intelligible to the nation' than the Italian that was sung on the Irish stage – a comment recorded by Lady Gregory in her account of the movement's first years, *Our Irish Theatre* (1913).

In addition to his timely meeting with Lady Gregory and his response to Yeats's call for support of the Irish Literary Theatre, other events also helped create the circumstances in which, in 1900, Hyde decided to try his hand at writing drama in Irish. In 1899, the same year in which Yeats had made his historic announcement of the founding of the Irish Literary Theatre, Hyde had published *The Literary History of Ireland*, a work that remains today his most

Introduction

significant contribution to Irish scholarship. In this study of Irish literary forms from earliest times, he had noted that the dialogues of Patrick and Ossian from the Book of Lismore's *Agallamb na Seanorach* (*Colloquy of the Old Men*) and the wildly satirical 'parliament' tales such as *Clan Lopus* and Merriman's *Midnight Court* provided clear evidence of the Irish language's unrealized potential for drama. Moreover, he himself had constituted, in his immensely popular collections of folk tales and poems (*Beside the Fire, The Love Songs of Connacht*), a rich mine from which characters and situations could be drawn.

To regard Hyde's one-act plays, therefore – as some critics have suggested – as casual products tossed off between shooting and fishing sessions at Lady Gregory's estate is both inaccurate and uninformed. To be sure, the plays themselves are light, unassuming, and as unpretentious as their author, but Hyde's art was not tragic, nor was soliloquy his playwright's device. His eye was keen for situations made complex when one person is joined by another, when the two are joined by a third, and when personality is revealed through interaction. His manuscripts were often revised following the critical readings which resulted in suggestions for revision from Yeats and Lady Gregory (e.g. *The Marriage* and *The Matchmaking*) or from George Moore and AE (e.g. *The Tinker and the Sheeog*). Yeats's own judgment was that Hyde's one-act plays, acted throughout the country by 1903, had helped create a new Ireland along national lines; he appreciated the ways in which they fitted Hyde's plan to promote the language exclusively through 'uncontentious, non-political, non-sectarian' means; he understood that they supplied a respectable, politically safe activity for clerks, teachers, and inspectors caught up in the language revival who dared not risk losing their jobs through some other expression of their sentiments. Easily available in cheap editions, Hyde's plays were moreover eminently actable by amateurs. Their familiar subject matter assured friendly audiences in market towns and cities. Young men and women with limited time for rehearsals could learn their lines (and, as a result, simple conversational Irish) quickly. The settings called for – a country cabin or schoolroom – were familiar, simple, and inexpensive to build; the costumes required could be made from readily available, low-cost materials. Whether in church halls in Ballaghaderreen, Ballymoe or Cornamona, or in Dublin's famous Rotunda, in Hyde's one-act dramas players could feel at ease with the words they had to say, the scenes in which they had to move, the clothing they had to wear. Hyde himself not only acted in but helped direct première performances. As Hanrahan in *Casadh An tSúgáin* (*The Twisting of the Rope*) he earned high praise from the

Freeman's Journal, which saluted 'a born actor . . . [whose] eloquent tenderness to Una threw into strong relief the fierce savagery and scorching contempt with which he turned on Sheamus and his friends'. He received critical acclaim also as Raftery in *An Pósadh* (*The Marriage*) and as the tinker in *An Tincéar agus an tSidheóg* (*The Tinker and the Sheeog*). *The Gael* reported that Hyde's acting had 'taken the audience by storm'; that he had 'surpassed himself by the inimitable drollery and naturalness with which he acted the tinker'.

Hyde's plays also proved valuable vehicles for exporting his doctrine of de-anglicization. The successful United States fund-raising tour of 1905–06 profited from the fact that *The Twisting of the Rope* and *The Marriage* were playing in Boston in the spring of 1906 while their author was capturing headlines across the country. Convinced that Lady Gregory's translations from Hyde's Irish (*The Twisting of the Rope, The Marriage, The Lost Saint,* and *The Nativity*) would sell well, John Quinn, Hyde's indispensable American ally and organizer of his American tour, exploited the growing popularity of the plays by persuading Scribner's, in June 1903, to accept 250 copies of Lady Gregory's *Poets and Dreamers* for sale in the United States. Both at home and abroad Hyde's plays became a device through which those who sympathized with the Gaelic League's goals were able to gain financial support. In 1902, for example, when the League was desperate for funds, Hyde sent copies of his plays to William Bulfin, the Irish newspaper publisher in Argentina, together with an urgent and subsequently successful plea for contributions from the Irish community in Buenos Aires.

III

A Tale of Ten Plays

In his diary for August, 1900, Hyde recorded details of the making at Coole of *Casadh an tSúgáin (The Twisting of the Rope)* from the scenario provided by Yeats. That they both knew the story before they began to discuss it as a subject for a play is clear: Yeats had used it in his Red Hanrahan poems; Hyde had printed a version of it in verse in *The Love Songs of Connacht*. The final version that Hyde had read to Lady Gregory, who typed from his dictation, was published in *Samhain* for October, 1901. It was first performed for the Irish Literary Theatre by the Keating branch of the Gaelic League on 21 October 1901 in Dublin's Gaiety Theatre.

As a start toward folk-drama that exploited the Gaelic-Catholic-peasant tradition, *The Twisting of the Rope* could not fail. Set in a

Introduction

Munster cottage of a century earlier, through allusions to 'the man who makes songs out of Connacht', through Hanrahan's derisive song about Munster people who 'cannot even twist a sugaun', and in its final line – Sheamus's triumphant 'Where's Connacht now?' – it played up, to the amusement of its audiences, provincial rivalry and pride. It drew on a living tradition to pay extravagant respect to the high place accorded Irish poets and echoed the fear that (as Tomás Ó Crohan relates in *The Islandman*) accompanied that respect: 'He's a great poet, and maybe he'd make a rann on you that would stick to you forever, if you were to anger him.' It also invoked memory of Finn, surely the most popular hero of Irish folklore, with its description of Hanrahan as like 'Ossian after the Fenians'. And through its artifact from the Gaelic past – the straw rope that no Munsterman alive could weave – it offered an ironic element lost on neither country nor town audiences. The linking of Una's name with that of Helen of Troy ('my fine Helen', Hanrahan calls her) and allusions to the elopement motif in the Ulster tale of Deirdre and Naoise presented Gaelic myth as the equal of that of the Greeks, a proud comparison that Hyde never failed to make.

Hyde was happy with the results of this first playwriting effort. In his diary for 21 October 1901, he noted that the actors had become so personally involved in making it a success that they supplied or made their own costumes. When the curtain rose, he wrote, 'we could see nothing, but went gaily through our piece without a trace of nervousness and the audience loved it. The house was packed to the doors'.

An Tincéar agus an tSidheóg (*The Tinker and the Sheeog*) probably received the most attention of all Hyde's plays, because of the circumstances under which it was first produced. George Moore, a new and unpredictable ally of the language movement, had offered not only to turn his garden into an outdoor theatre for the occasion, but to host an elegant reception for more than three hundred invited guests (most of them associated with the language movement), review the English translation of the text, suggest substantive revisions on the basis of his reading of the English translation, and direct the production. Invitations were sent for 19 May 1902. Hyde was to play the part of the tinker; Sinéad Ní Fhlannagáin (later the wife of Éamon de Valera) to take the role of the fairy. As the date approached Hyde began to dread Moore's almost daily letters. At first these contained suggestions for minor changes throughout the text and such queries as whether the metre should be preserved in the English translation and if the dialogue might not be lengthened. Hyde accepted many of Moore's criticisms, knowing Moore was an experienced writer and his opinions were not without merit.

Selected Plays of Douglas Hyde

Difficulties arose when it became obvious that the two men differed in their concept of the tinker and therefore on the content of the tinker's final soliloquy. Of the final scene, Moore wrote: 'He is no longer a tinker, he is abstract humanity, and you can make him say what you like regardless of individual limitations.' Hyde was patient with Moore, but to friends he expressed the wish that he had never undertaken the writing of the play, and he was relieved when details of the reception diverted Moore's attention. In the end, both play and reception were outstandingly successful, and both Moore and Hyde were pleased. It was the verse exchange of tinker and fairy (reminiscent of the similar exchange between Una and Hanrahan in *Casadh an tSugáin*), however, rather than the tinker's soliloquy, that received then (and continues to receive) the most attention. Despite his impatience with Moore, Hyde apparently continued to consider Moore's criticisms, for a revision of *An Tincéar* along lines Moore had suggested was published in 1934. (This has not been translated.)

An Pósadh (The Marriage), Hyde's next play to be produced, was presented at the Connacht feis in Galway in August 1902, with Hyde in the role of Blind Raftery. Watching Hyde in the same role in the Rotunda in February 1903, the inveterate Dublin theatre-goer Joseph Holloway recalled that he 'looked the part to the life as well as enacting it capitally', especially the 'natural' way in which he ate a boiled egg. Hyde credited the verisimilitude to the fact that he had gone on stage without his dinner.

The idea for *An Pósadh* had come from a tale told to Lady Gregory: how Raftery had come to a poor cottage where two young people were to be married, how by his song and laughter he 'had made a feast where no feast was'. Like *Casadh an tSúgáin*, the play calls for a country setting (a cabin kitchen) and three main characters plus 'the neighbours' (an expandable feature of Hyde's plays that allows for as many participants as there are interested amateur actors in a local theatre society). Like *Casadh* again, it draws for its effect on the traditional fame and power of the Gaelic poet. In the course of the play Hyde places on stage the miser who has seen with his own eyes the bush that withered after Raftery had laid a curse on it. He ends with additional evidence of Raftery's magical power: the disclosure that the visitor to the young couple's cabin could be no other than Raftery's *ghost*, for the Young Man who enters after the poet leaves announces that he had stood by Raftery's grave at Killeenan three days before. From his boyhood in Roscommon Hyde knew the popularity of the ghost story in both country cabin and Big House; many were the ghost tales he had learned from Séamas Hart, and he often had recorded in his diary local testimony (including his own) of

Introduction

strange sightings. He had good reason, therefore, for believing that his second play would enjoy the popularity of the first. As always, his instinctive understanding of the popular mind was correct.

Hyde's diary entry for 25 August 1902 reads 'They shoved me into my room and I wrote a small play in three or four hours on Angus the Culdee'. . . . Entitled *An Naomh ar Iarraid* (*The Lost Saint*) and first published in 1902 in *Samhain* (it was first performed in January or February 1903), it draws upon Hyde's reading and research in ninth-century monastic Christianity and in the legends that were woven around the figure of Aongus Céile Dé (Angus the Culdee), 'a holy saintly man in Ireland some years ago'. Disguised as Cormacín, a 'poor-looking, grey old man' who ground meal and minded ovens, Angus intercedes with God on behalf of a slow-witted student, thus enabling him to recite correctly a verse from the saint's ancient *Feilire*, or calendar. Admirably suited for performance by children, this play – set in a country schoolroom with but three main characters (two adults and one child), plus the opportunity to include as many other characters as there are players available to serve as 'other children' – reworks an incident from a saint's life recorded in early Irish hagiography to provide a simple and moving modern miracle play.

Dráma Breithe Críosta (*The Nativity*), Hyde's second one-act drama on a religious theme, was also the second he developed from a scenario by Lady Gregory. Based on a medieval miracle play it was first published in the Christmas 1902 double number of *The Weekly Freeman*, with a translation by Lady Gregory. Aspects of the play (later blacked out in a 1935 school edition) so aroused the ire of priests in Kilkenny in 1904 that their resolution condemning the scheduled performance not only caused its cancellation but for nine years discouraged its performance elsewhere in Ireland. In January, 1911 *Dráma Breithe Chríosta* finally had its première at the Abbey with Sara Allgood as the First Woman, Máire O'Neill as the Second Woman, and Máire Nic Shiubhlaigh as Mary; the Abbey sets were designed by Robert Gregory, Lady Gregory's son. The few words that had upset the Kilkenny priests – possibly on the grounds that they might confuse superstition and dogma – apparently met no objection, and the production charmed both audiences and reviewers.

Unlike any other play Hyde wrote, *An Pleusgadh na Bulgóide*, or *The Bursting of the Bubble*, first published in 1903, anticipates the bilingual satires of Brian O'Nolan (who wrote also under the pseudonyms Myles na gCopaleen and Flann O'Brien) not only in treatment but also in the sophisticated nature of its target. '*Bulgóide*', as pointed out in notes to the translation, is suspiciously similar to '*Trínóide*', Irish for 'Trinity'. Magaffy and Hatkin, *Bulgóide* professors, are clearly the Trinity dons, Mahaffy and Atkinson, who

viciously but unsuccessfully opposed Hyde's campaign to have Irish taught at intermediate and university levels. Magaffy's and Hatkin's remarks to the Lord Lieutenant concerning the implausibility of identifying Irish as a *bona fide* language and the vulgarity and obscenity of what little literature is written in it are, in fact, but slight exaggerations of Mahaffy's and Atkinson's 1899 testimony before the Intermediate Education Commissioners. All the *Bulgóide* professors, like all the most vocal Trinity dons of 1899, follow Magaffy's lead in abhorring Irish. The Sean Bhean Bhocht or Poor Old Woman whose curse ('that the thing which in this world ye most loathe and dread shall instantly come upon you') forces them to speak Irish is a traditional symbol of Irish Ireland frequently found in poem, song, and story. Yeats's use of the tradition had presented her in *Cathleen ni Houlihan* as the old hag who becomes a beautiful young queen when she wins the pure and devoted love of the young men of Ireland. In Hyde's play she is much more the fierce woman of 'The Shan Van Vocht', a nineteenth-century ballad that commemorates the Rising of 1798.

Because (like Myles na gCopaleen's *An Béal Bocht* [*The Poor Mouth*]) *An Bulgóide* depends for its impact on its bilingual text, it always has been printed bilingually, as originally written, with translations of Irish passages of the text added in footnotes – a practice continued in this volume.

In September 1903, Lady Gregory told John Quinn that Hyde had written a play about King James's escape from Ireland in a barrel. *Rí Séamus* (*King James*) although first published in the Christmas 1903 number of *The Weekly Freeman* and since reprinted in both Irish and English, apparently was never performed. Lady Gregory's *The White Cockade*, however, a dramatization of the story of the aftermath of the battle of the Boyne and the cowardly flight of James II (first published by the Abbey in 1905), contains a central comic scene in which King James hides from the soldiers in a barrel. Clearly modelled on Hyde's *Rí Séamus*, it is but one of several examples of the way in which Hyde and Lady Gregory collaborated. The goal toward which each worked – he in Irish, she in English – was a successful theatre production. When she could provide him with a scenario, it was his to do with what he would. When he sketched a scene that was not substantial enough to make a one-act play but which she could fit into a longer work, it was hers.

In *An Cleamhnas* (*The Matchmaking*), first published in two parts in December 1903 and January 1904, Hyde returned to the life of the Irish cottager, the subject of his first playwriting successes – but with a difference. A half-serious, half-comic look at the hard bargaining that goes on between a country father, Patrick Ó Malain, and his old

Introduction

crony, Peter Ó Giobaláin, over the match they both desire between Patrick's daughter Kate and young Peter, this play contains more than a hint of social criticism. For one thing, the matchmaking custom that gave to the father of a young woman full power to arrange her marriage as he saw fit is the target of Hyde's satire. For another, the economic realities of cottage life are evident in the bargaining between the two old farmers, in which each provides an inventory of his worldly holdings and assesses what will constitute a handsome start for a newly married couple.

Kate's own wish, ignored by her father, is that she might marry Diarmuid, a sincere and sensible young man who also has the approval of Máire, Kate's mother. Young Peter's contrasting character is revealed indirectly through Seaneen, Kate's brother, who reports that he has seen Peter beating his overburdened donkey, and through Máire's and Diarmuid's wry remarks about Peter's drinking. (He is in fact not present for the matchmaking because, having just come home from a fair, he is 'in bed', suffering from a hangover that has left 'not a twist in him'.) Helpless in the face of her father's decision, Kate must rely on Máire's shrewd ability to sow the seeds of distrust and thereby incite a quarrel between the two old cronies in order to save her from an unhappy marriage. Just as the men seem to have reached an agreement, knowing that old Peter will never give up his family still, Máire manipulates her husband into demanding it as part of the marriage bargain, in compensation for the fact that he is giving up his daughter. Peter predictably refuses, the matchmaking session ends with the two men shouting insults at each other, and while Patrick is still angry and vengeful, Máire secures his permission for Kate to marry Diarmuid. A final fillip is added when (Máire, Kate, and Diarmuid having gone off to consult the priest) Patrick sits down with a sip of the poteen Peter had brought in anticipation of a happier conclusion. Wistfully, he thinks how nice it would have been had Peter only agreed to give him the still that produces such fine drink. His daydream is interrupted by Seaneen. The police have found Peter Ó Giobaláin's still, the boy laughingly reports, and are looking after the owner, who is sure to be jailed in Galway.

Marked differences distinguish Lady Gregory's translation and Hyde's Irish text. First and most obvious is a structural change that eliminates Hyde's double climax and alters Máire's role. In the Irish version, Máire's hopes of fanning a spark between the two men seem dashed when, instead of sitting down in the kitchen, Patrick and Peter go into the back room, closing the door on her chances. Kate and Diarmuid enter; through Máire, who eavesdrops at the door, reporting everything that is said to the young couple (hence, to the audience), all three nervously follow the bargaining being carried on

in the back room, rejoicing at each obstacle and despairing at every concession. When each point has been discussed and settled, elopement appears to be the only recourse for the angry Diarmuid and the tearful Kate. Pushing the young couple out the door as the two men return to the kitchen to seal their bargain with a drop of poteen, Máire, too is dismayed, especially when Patrick gleefully recounts the generous particulars to which Peter has agreed. It is an inspired moment, therefore, when she mentions the still that causes the quarrel that ends the matchmaking.

In Lady Gregory's translation, the two men sit down in the kitchen where Máire can influence if not participate in the bargaining. Outside, below the window, Diarmuid and Kate eavesdrop. From the outset there is no doubt that Máire will be successful. She herself has more confidence in her ability to control the situation than she has in the Irish version. Consequently, there is far less tension in the scene.

For her English translation, Lady Gregory prepared two endings, neither consistent with Hyde's published Irish version and both less satisfactory. In one, Patrick's anger spills over on to Diarmuid following Peter's departure, when Diarmuid asks permission to marry Kate. His grudging assent is finally won by Diarmuid's twenty acres and three cows; Peter and his still are forgotten. In the other (printed here), Patrick's anger is so great that he cannot even listen to Diarmuid: 'Do what you like,' is all he can say, and Máire, Diarmuid, and Kate rush off to the priest before he can change his mind, while Seaneen returns with news of the still's discovery. Other differences between Irish and English versions include a larger role in the Irish version for Seaneen, as the younger brother who prides himself on his ability to obtain inside information, and the suspense generated by the contrast between Diarmuid's and Kate's well-founded hopelessness and Máire's assurance that, although custom may give her husband the right to make all family decisions, through long practice she has become skilled in getting what she wants.

In addition to the plays translated by Lady Gregory that have been selected for this volume, Hyde and Lady Gregory worked together on two other plays which have been omitted because their English versions are adaptations rather than translations of the Irish text. The first of these, Hyde's *Teach na mBocht*, was actually a collaboration. Better known to English-speaking theatre audiences as Lady Gregory's *The Poorhouse*, it invites comparison with both Lady Gregory's and Hyde's other dramas of Irish cottage life. An English adaptation of the second play that has been omitted, *Máistín an Bhéarla* (The Mastiff of the English Language), is included in Lady Gregory's *Poets and Dreamers: Studies and Translations from the Irish*

Introduction

(Coole Edition 11, 1974) under the title *The Schoolmaster*. This title may confuse readers familiar with Douglas Hyde's bibliography, because *An Maighister Sgoile* (direct translation: *The Schoolmaster*) was the title of Hyde's earlier and very different Irish version of this satire. (Those wishing to consult the Irish text on which Lady Gregory based her adaptation must bear this in mind.) The target of Hyde's two versions of the play and Lady Gregory's English adaptation of the second, however, is the same: it is the educational establishment, this time at the primary school level, represented by the cruel schoolmaster who beats Irish-speaking children, bullies their parents, and justifies his behaviour as merely fulfilling Government requirements. Hyde's savage treatment of his subject is uncharacteristic in the fact that it completely lacks his most effective satirical weapon, humour.

IV
Irish Texts and English Translations

Because Lady Gregory was not only Douglas Hyde's translator but also a director of the theatre societies for which his plays were written, she had no choice but to approach his text from two viewpoints. From one, her task was to evaluate the work as a whole, envision the play upon the stage, anticipate audience reaction, and then make whatever suggestions seemed necessary to reshape scenes, refocus events, and alter characterization. All plays written in English for the Irish Literary Theatre conceived by Lady Gregory, W.B. Yeats, and Edward Martyn in Count de Basterot's garden, and for the Irish theatre societies that succeeded it, were subjected to just such an editorial process that almost invariably resulted in revisions; her method of handling early manuscript versions of Hyde's plays was therefore no departure from ordinary procedures. A difference perhaps in the handling of English-language plays was that the playwrights themselves usually were asked to make the revisions suggested by the directors, whereas when Lady Gregory undertook the task of translating from Hyde's Irish, revisions discussed with Hyde were introduced at the same time. *Broad* changes in English versions of Douglas Hyde's plays are not indicative, therefore, of Lady Gregory's translation ethic; rather, they reveal her conception of the dramatic and her sense of theatre. Not so the minor alterations introduced in lines that remain essentially Douglas Hyde's. These show Lady Gregory struggling with the problems that confront all translators of plays, poetry, and fiction: how and whether to present

in another language nuances that amuse or suggest or prefigure or echo allusively in the language of the original; how and whether to be faithful to both the denotative and connotatve meanings of the original in the language of translation; how and whether to choose between denotative and connotative meaning when the language of translation cannot provide lines true to the original on both levels; how and whether to reproduce in the language of translation the idiomatic or dialect dialogue that, in the original, is the principal device used to project character.

These same problems faced the poet John Ciardi when he undertook the task of translating Dante's Italian into modern English. For him they were not unlike the problems of the musician who must transpose for the violin music that was written originally to be played on a piano. The successful transposer does not make the violin sound like a piano but seeks to reproduce through the voice of the violin the ineffable quality of the composition as written for piano. But the transposer does not have to serve the needs of an audience that listens to the violin in order to understand the piano – nor was John Ciardi concerned with readers who followed his English text in order to understand Dante's Italian. Lady Gregory's translation problems were complicated by her different purpose: to produce an English translation that members of the theatre audience might consult to acquaint themselves with a play performed in Irish – either before attending the theatre or (as did Edward Dowden, according to his 24 October 1901 letter to Douglas Hyde) during the performance. At the same time, she understood that not all readers of her translation would be members of a theatre-going audience: some might be (no doubt, like many readers of this book): men and women with a rudimentary knowledge of Irish who use the English translation to help them through the Irish. Required, therefore, was a phrase-by-phrase faithfulness to the text with which John Ciardi did not have to struggle – and a tolerance, despite the awkwardness they introduce, of structures that closely follow Irish syntax. Inevitably these requirements often do violence to Douglas Hyde's characterizations, for when lines that charm and delight in Irish are translated into their rough approximations in English, with linear equivalency given priority over effect, perception of the character speaking these lines changes for those limited in what they understand chiefly to what they hear or read in English.

For example, the poet of *The Twisting of the Rope* does not have the wit and charm of his counterpart in *Casadh an tSúgáin* (the play seen by Edward Dowden, in the letter referred to above): to elicit Una's sympathy, he tells her he is 'struggling' against the world, 'without house or home or havings'. Much more heroic and poetic is Hyde's

Introduction

'ag troid leis an saol' (fighting against the world) 'gan teach, gan téagas, gan tíos' (without house or comfort or the things that make a home). Moreover, there is wooing in the assertion of Hyde's Hanrahan that Una is 'níos binne' (sweeter) than a song, a woman 'ró spéiriúil' (too heavenly) to be in the company of other women. By contrast Lady Gregory's 'better' than song is merely flirtatious, and 'too skylike' (for 'ró spéiriúil') is an infelicity almost certain to destroy a reader's willing suspension of disbelief. The angry and indignant Séamus, aware that Hanrahan's blandishments have had too strong an effect on Una for him to be able to counter with words of reason, cleverly perceives that Hanrahan's weakness is his outsized ego; he uses this perception to end the poet's unwelcome attentions. Séamus changes from protector of home and hearth to comic figure, however, a cuckold in the making, when in Lady Gregory's translation he charges through the door shouting 'The bag in which the letters of the country are is bursted', an unfortunate rendering of Hyde's Irish lines. Moreover, from the very beginning of the play, a significant point of contrast between Hanrahan and Séamus, emphasized in the Irish original, is lost in the English translation: Hyde's specific identification of the poet as a Connachtman and the setting of the play as Munster evokes echos of ancient rivalries that are erased by Lady Gregory's vaguer description of him as a man 'not from the locality'.

With *The Marriage* Lady Gregory had more success. A few untranslated phrases omit small subtleties of Douglas Hyde's *An Pósadh*, but her deletion of Máire's long explanatory speech at the close of the play provides a more dramatic ending. Omissions in *The Lost Saint* are more costly: generalized descriptions substituted for Douglas Hyde's details reduce the poignancy of the old man's situation. In *King James*, Lady Gregory's word-for-word renditions such as (for '*rinne sé feall orainn*') 'he did treachery on us' rather than the obvious and less awkward 'he betrayed us' are distracting; the worst example in this play is her 'I'll stick a foot on you' for 'I'll kick you' ('*bualfidh mé cos ort*', the kind of idiom Hyde learned from the Irish speakers of his Roscommon childhood). Such literal translations of Irish expressions (e.g., 'she puts an ear on herself', meaning 'she listened carefully', for '*cuireann sí cluas uirri féin*') are especially jarring in *The Tinker and the Sheeog*. (No better, in Hyde's opinion, was an English version by Belinda Butler, printed in *The New Ireland Review* 17, 3 (May, 1902), pp. 183–192, for in the margins of his personal copy of this translation he pencilled still unpublished revisions.)

Such weaknesses in Lady Gregory's translations of Hyde's plays – again, caused in large part by her goal of providing an English text

useful to beginners in Irish who want to follow the original – did not, of course, affect productions in Irish that in Ireland were far more numerous in the peak years of Gaelic League activity than today. (Productions in Irish always have been, of course, virtually nonexistent elsewhere.) Unfortunately, reception of the plays on stage and in print – in Ireland as well as in England, Canada, and the United States – depends today more often on Lady Gregory's translations. When actors play parts defined solely by her English lines, when readers perceive characters solely through her English versions, the wit, wisdom, and poetry of Douglas Hyde's cottagers inevitably suffers – sometimes so much so that his plays take on an unintentional quaintness, and his characters become that anathema, Stage Irishmen.

Neither Lady Gregory nor Douglas Hyde could have foreseen this development, but both would approve the work of any beginner in Irish who would read Lady Gregory's text against Hyde's original and attempt to devise a more satisfactory translation. Such ambitious beginners, however, must contend with their own set of problems, arising from the fact that when these plays were published and performed there was no standard Irish language. Spelling, pronunciation, grammatical forms, and even diction varied greatly from region to region; 'Bearlaige', an anglicization of the Irish language that imposed English syntax and English idiom on both written and spoken Irish, was not uncommon; among typesetters and printers and even the editors who oversaw the publication of Irish writing, there were few native speakers; the native speech of one area was considered 'incorrect' in another, and both were 'wrong' according to linguistic scholars. Nor would correction of these texts to bring them into accord with today's standards (about which there are still many disagreements) provide a modern solution, for 'correct' Irish surely would be wrong in the mouths of Hyde's tinkers and schoolchildren and country men and women.

In the texts published in this volume, changes, therefore, have been kept to a minimum. The plays have been reset in modern type for easier reading; thus the easily confused 'r' and 's' of the Irish type used at the beginning of the century (see illustration on page 30) are no longer stumbling blocks, and the dot over a consonant, used in the older type to indicate *seimhiu* or lenition, has been replaced by an 'h' following the consonant. (Note that this Irish 'h' therefore is *not* equivalent to an 'h' in English.) In all other respects, attempts to make the Irish of Hyde's plays more accessible to readers have been limited *only* to modernization of spelling wherever it is possible to relieve the reader of having to cope with clusters of vowels and consonants that are not pronounced, *provided* such modernization

Introduction

does not change either the essential form of the word as it appears in the original Irish text or its corresponding oral equivalent. (For example, where appropriate, midword clusters such as 'dhbh', 'ugha' or 'amha', 'oidheach', 'achaidh', and 'ocha' have been standardised as 'bh', 'u', 'íoch', 'aí', and 'ó'; endings such as 'igh', 'odh' or 'ughadh', 'ibh', and 'agh' or 'adh' have been standardised as 'í', 'u', 'e' and 'a'.) In all other respects Hyde's text remains the same: obsolete, if archaic forms appear in the original; inconsistent, if inconsistencies abound in the original; ungrammatical, if the original violates the principles of modern Irish grammar. Readers with no training in spoken Irish who wish to try reading the Irish text aloud are advised to use a guide such as Mícheál Ó Siadhail's *Learning Irish*, published by Yale University Press. Because the East Connacht Roscommon dialect Hyde learned as a boy in Frenchpark is now extinct, the Connemara Irish of Ó Siadhail's book and tapes offers perhaps the closest reasonable equivalent.

The following table of sounds, reprinted from *Learning Irish* with the permission of Mícheál Ó Siadhail and Yale University Press, may serve as a pronunciation guide for readers who are acquainted with the International Phonetic Alphabet (first column) or who have some knowledge of Irish orthography (second column).

PHONETIC SYMBOL	EXAMPLE	DESCRIPTION OR EQUIVALENT (APPROXIMATE)
1. Simple vowel-sounds: long		
i:	sí	English: machine French: lit
e:	sé	French: thé Irish or Scottish English: day
æ:	fear	Somewhat longer than English: plaid
a:	hata	Somewhat longer than English: pan Somewhat longer than French: patte
ɑ:	tá	English: saw
o:	cóta	Irish or Scottish English: go German: Rose
u:	tú	Somewhat more retracted than English: rude Slightly more open than German: gut
2. Simple vowel-sounds: short		
i	milis	Slightly closer and more advanced than English: bit (as common in Ireland)

Selected Plays of Douglas Hyde

PHONETIC SYMBOL	EXAMPLE		DESCRIPTION OR EQUIVALENT (APPROXIMATE)

2. Simple vowel-sounds: short – *cont.*

e	eile		English: pen
o	pota		German: Gott / Scottish English: hot
u	tusa		English: put
ə	milis, eile, pota		English: bullock, above

3. Combined vowel-sounds (diphthongs and triphthongs)

i:ə	siar		Somewhat shorter than /i:/ followed by /ə/
ei	b**ei**dh		/e/ followed by /i/
ai	st**aigh**re		Somewhat like /e/ followed by /i/
au	tre**abh**sar		Somewhat like /e/ followed by /u/
u:ə	sl**ua**		Somewhat shorter than /u:/ followed by /ə/
u:əu:	ch**uaidh**eadh		/u:ə/ followed by a vowel somewhat shorter than /u:/
u:əi:	c**uaiche**		/u:ə/ followed by a vowel somewhat shorter than /i:/

4. Broad consonants

b	**B**airbre, b**u**í	bᵘ	English: but
p	**P**áidín	pᵘ	English: put
d	**D**onncha	dᵘ	The sounds /d/ and /t/ are said to be 'dental', i.e. the tip of the tongue is placed against the upper front teeth (with English *t* and *d* it is advanced only as far as the teeth-ridge).
t	**T**omás	tᵘ	
g	**g**asúr, **g**aoth	gᵘ	Somewhat more retracted than English: gum
k	**C**áit, **c**aoi	kᵘ	Somewhat more retracted than English: cut
w	**Bh**airbre, **Mh**áire		English: won
f	**f**ós, **f**aoi, **Ph**áidín		English: fun
s	**S**asana		English: suck
ɣ	**gh**asúr, **Dh**onncha, **gh**aoth		The organs of speech are in the same position as for the sound /x/, but /ɣ/ is voiced
x	**Ch**áit, **ch**aoi		Scottish English: loch / German: Buch

Introduction

PHONETIC SYMBOL	EXAMPLE	DESCRIPTION OR EQUIVALENT (APPROXIMATE)
4. Broad consonants – *cont.*		
m	Máire	English: **m**uch
N	**n**a, **n**aoi	The sounds / N / and / L / are tenser than English *n* and *l*; to achieve this quality, raise the centre of the tongue towards the soft palate
L	**l**á	
ŋ	**ng**asúr, **ng**aoth	English: su**ng**
r	**R**uairí	The sound / r / is 'flapped', i.e. the tip of the tongue makes one tap aginst the back of the teeth-ridge, as in Scottish English: ba**r**, Spanish: o**r**o

5. Slender consonants

b˜	**b**éal	bⁱ	English: **b**eauty	
p˜	**P**eige	pⁱ	English: **p**ew	
d˜	**D**iarmaid	dⁱ	English: **d**uty	
t˜	**t**ír	tⁱ	English: **t**une	
g˜	**g**eata	gⁱ	English: **g**ules	
k˜	**C**iarraí, **c**eo	kⁱ	English: **c**ure	
w˜	**bh**éal, **Mh**eireacá	vⁱ	English: **v**iew	
f˜	**f**eall, **Ph**eige	fⁱ	English: **f**ew	
s˜	**S**éamas		English: **s**ure, **sh**eep	
γ˜	**Dh**iarmaid, **gh**eata		English: **y**ou	
x˜	**Ch**iarraí		English: **H**ugh German: i**ch**	
m˜	**m**ilis	mⁱ	English: **m**usic	
N˜	**n**í, abhai**nn**	nⁱ	English: **n**ew, mi**ni**on	
n˜	**P**áidí**n**		English: **n**ick	
ŋ˜	**ng**eata	ngⁱ	(see / ŋ /)	
L˜	**l**éigh, coi**ll**	lⁱ	English: **l**ure, mi**lli**on	
l˜	mi**l**is		English: **l**isp	
r˜	Mái**r**e	rⁱ	(see / r /)	

6. Consonants without broad/slender contrast

ḍ	**D**ein	English: **d**ay	with the tongue brought further back
ṭ	**T**eaim	English: **t**ame	
dʒ	**j**ug	English: **j**ug	
h	**h**ata, t**h**ír, S**h**éamaisín	English: **h**at	

Selected Plays of Douglas Hyde

Older type style:	ᴀ ʙ c ᴅ e ғ ɢ h ɪ	
Modern equivalent:	a b c d e f g h i	
Older type style:	l m n o p ꞃ ꞅ ꞇ u	
Modern equivalent:	l m n o p r s t u	

V

Conclusion

Sinless wandering saint, drunken wandering poet, cowardly wandering king, shrewd and greedy farmer, eager young lover: from saga, monastic, and folk tradition all are brought to new life in Douglas Hyde's short plays. For Yeats, despite 'their humour so beautiful and their eloquence so touching', Hyde's dramatic recreations of Irish life failed to create a Gaelic theatre – a theatre 'that almost came into existence', he called it. It had failed, Yeats said, because drama subordinated to propaganda bored the 'natural man'. Lady Gregory's judgment was less harsh, for she recognized Hyde's real goal in all of his activities to keep the language alive, to arouse cultural nationalism. Her theatre was, she said, 'caught in that current . . . that has brought it on its triumphant way'. The Abbey had benefited significantly from Hyde's exploitation of Gaelic tradition in poetry, folklore, and learning, she believed; in gratitude in 1904 she ordered Hyde's portrait hung in the Abbey Theatre's refurbished Green Room. It was the highest tribute that was hers to bestow.

However Hyde's plays are evaluated today, there is no doubt that they belong to Irish theatre history. Whether they also belong to the Ireland of the future is a question only modern readers can answer.

Gareth W. Dunleavy
Janet Egleson Dunleavy
The University of Wisconsin-Milwaukee

A NOTE ON THE TEXTS

The Irish spelling in all the plays has been modernized *only* to the extent that this could be accomplished without making substantive changes in style or content. The texts used are indicated by the date after the title.

Casadh an tSúgáin (1901)
An Tincéar agus an tSidheog (1902)
An Pósadh (1905)
An Naomh ar Iarraid (1902)
Dráma Breithe Criosta (1904)
An Pleusgadh na Bulgóide (1903)
Ri Séamus (1904)
An Cleamhnas (1904)

Lady Gregory's translations are taken from *Poets and Dreamers* (1903), except for *The Bursting of the Bubble* which was published with the bilingual text in the same year, while *The Matchmaking* and *The Tinker and the Sheeog* were transcribed and edited by Colin Smythe and first printed in the enlarged edition of *Poets and Dreamers* (1974), published as volume 11 of the Coole Edition. The holograph notebooks in which they were written are in the Berg Collection of the New York Public Library (Astor, Lenox & Tilden Foundations).

CASADH AN tSÚGÁIN
THE TWISTING OF THE ROPE

CASADH AN tSÚGÁIN

NA DAOINE

TOMÁS Ó h-ANNRACHÁIN, *file Connachtach atá ar seachrán*
MÁIRE NÍ RÍOGÁIN, *bean an tí*
ÚNA, *iníon Mháire*
SEAMUS Ó h-IARAINN, *atá luaite le Úna*
SIGHLE, *comharsa do Mháire*
Píobaire, *comharsanna, agus daoine eile*

ÁIT

Teach feilméir i gCúige Múmhan céad bliain ó shin. Tá fir agus mná ag dul tríd a chéile in san tigh, nó 'na seasamh cois na mballa, amhail agus dá mbéadh damhsa críochnuithe aca. Tá Tomás Ó h-Annracháin ag caint le Úna i bhfíor-thosach na stáide. Tá an píobaire ag fásgadh a phíob air, le tosú ar seinm arís, acht do bheir Séamus Ó h-Iarainn deoch chuige, agus stadann sé. Tagann fear óg go h-Úna le n-a tabhairt amach ar an urlár chum damhsa, acht diúltaionn sí dho.

ÚNA. Na bí m'bhodhrú anois. Nach bhfeiceann tú go bhfuil mé ag éisteacht le n-a bhfuil seisean d'a rá liom. (*Leis an h-Annrachánach*) Lean leat, cad é sin do bhí tu 'rá ar ball?

TOMÁS Ó h-ANNRACÁIN. Cad é do bhí an bodach sin d'a iarraidh ort?

ÚNA. Ag iarraidh damhsa orm, do bhí sé, acht ní thiubhrainn dó é.

MAC UÍ h-ANN. Is cinnte nach dtiubhrá. Is dóigh, ní mheasann tú go leigfinn-se do dhuine ar bith damhsa leat, chomh fad agus tá mise ann so. Á! A Úna, ní raibh sólás na socúil agam le fada go dtáinig mé ann so anocht agus go bhfaca mé thusa.

ÚNA. Cad é an sólás duit mise?

MAC UÍ h-ANN. Nuair atá maide leath-dhóite in san teine, nach bhfághann sé sólás nuair dóirtear uisce air?

ÚNA. Is dóigh, ní'l tusa leath-dhóite.

MAC UÍ h-ANN. Tá mé agus tá trí ceathrúnna de mo chroí, dóite agus loisgthe agus caite, ag troid leis an saol, agus an saol ag troid liom-sa.

ÚNA. Ní fhéachann tu chomh dona sin!

MAC UÍ h-ANN. Uch! A Úna ni Ríogáin, ní'l aon eólas agad-sa ar bheatha an bháird bhoicht, atá gan teach gan téagar, gan tíos, acht é ag imeacht agus ag síor-imeacht le fán ar fud an tsaoil mhóir, gan

THE TWISTING OF THE ROPE

HANRAHAN. *A wandering poet.*
SHEAMUS O'HERAN. *Engaged to* OONA.
MAURYA. *The woman of the house.*
SHEELA. *A neighbour.*
OONA. *Maurya's daughter.*
Neighbours and a piper who have come to Maurya's house for a dance.

SCENE. *A farmer's house in Munster a hundred years ago. Men and women moving about and standing round the walls as if they had just finished a dance.* HANRAHAN, *in the foreground, talking to* OONA.
The piper is beginning a preparatory drone for another dance, but SHEAMUS *brings him a drink and he stops. A man has come and holds out his hand to* OONA, *as if to lead her out, but she pushes him away.*

OONA. Don't be bothering me now; don't you see I'm listening to what he is saying? (*To* HANRAHAN) Go on with what you were saying just now.
HANRAHAN. What did that fellow want of you?
OONA. He wanted the next dance with me, but I wouldn't give it to him.
HANRAHAN. And why would you give it to him? Do you think I'd let you dance with anyone but myself, and I here? I had no comfort or satisfaction this long time until I came here to-night, and till I saw yourself.
OONA. What comfort am I to you?
HANRAHAN. When a stick is half burned in the fire, does it not get comfort when water is poured on it?
OONA. But, sure, you are not half burned.
HANRAHAN. I am; and three-quarters of my heart is burned, and scorched and consumed, struggling with the world, and the world struggling with me.
OONA. You don't look that bad.
HANRAHAN. O, Oona ni Regaun, you have not knowledge of the life of a poor bard, without house or home or havings, but he going and ever going a drifting through the wide world, without a person

duine ar bith leis acht é féin. Ní'l maidin in san tseachtain nuair éirim suas nach n-abraim liom féin go mb'fhearr dham an uaigh ná an seachrán. Níl aon rud ag seasamh dham acht an bronntanus do fuair mé ó Dhia – mo chuid abhrán. Nuair thosaím orra sin, imíonn mo bhrón agus mo bhuaidhreadh diom, agus ní chuimhním níos mó ar mo ghéar-chrá agus ar mo mhí-ádh. Agus anois, ó chonnaic mé thusa, a Úna, chim go bhfuil rud eile ann, níos binne 'ná na h-abhráin féin!

ÚNA. Is iontach an bronntanus ó Dhia an bhárduíocht. Chomh fada agus tá sin agad nach bhfuil tú níos saibhre na lucht stuic agus stóir, lucht bó agus eallaigh.

MAC UÍ h-ANN. A! A Úna, is mór an bheannacht acht is mór an mhallacht, leis, do dhuine é do bheith 'na bhárd. Féuch mise! Bhfuil cara agam ar an saol seo? Bhfuil fear beó ar mhaith leis mé? Bhfuil grá ag duine ar bith orm? Bím ag imeacht, mo chadhan bocht aonránach, ar fud an tsaoil, mar Oisín andiaigh na Féinne. Bíonn fuath ag h-uile dhuine orm, ni'l fuath agad-sa orm, a Úna?

ÚNA. Na h-abair rud mar sin, ní féidir go bhfuil fuath ag duine ar bith ort-sa.

MAC UÍ h-ANN. Tár liom agus suímid i gcúinne an tí le chéile, agus déarfaidh mé dhuit an t-abhrán do rinne mé dhuit. Is ort-sa rinneas é. (*Imíonn siad go dtí an coirnéull is faide ón stáid, agus suíonn siad anaice le chéile.*)

(*Tig Síghle isteach.*)

SÍGHLE. Tháinig mé chugad chomh luath agus d'fhéud mé.

MÁIRE. Céad fáilte rómhad.

SÍGHLE. Cad tá ar siúl agad anois?

MÁIRE. Ag tosú atámuid. Bhí aon phort amháin againn, agus anois tá an píobaire ag ól dí. Tosóidh an damhsa arís nuair bhéas an píobaire réidh.

SÍGHLE. Tá na daoine ag bailiú asteach go maith, béidh damhsa breá againn.

MÁIRE. Beidh, a Shíghle, acht tá fear aca ann agus b'fhearr liom amuigh ná astigh é! Féuch é.

SÍGHLE. Is ar an bhfear fada donn atá tú ag caint, nach ea? An fear sin atá ag comhrá chomh dlúth sin le Úna in san gcoirnéull anois. Ca'r b'as é, no cia h-é féin?

MÁIRE. Sin é an sgraiste is mó tháinig in n-Éirinn ariamh. Tomás Ó h-Annracháin thugann siad air, acht Tomás Rógaire budh chóir do baisteadh air, i gceart. Óra! nach raibh an mí-ádh orm, é do theacht asteach chugainn, chor ar bith, anocht!

SÍGHLE. Cia'n sórt duine é? Nach fear déanta abhrán ar Chonnachta é? Chuala mé caint air, cheana, agus deir siad nach bhfuil damhsóir eile i n-Éirinn chomh maith leis; budh mhaith liom a fheicsint ag damhsa.

Casadh an tSúgáin / The Twisting of the Rope

with him but himself. There is not a morning in the week when I rise up that I do not say to myself that it would be better to be in the grave than to be wandering. There is nothing standing to me but the gift I got from God, my share of songs; when I begin upon them, my grief and my trouble go from me; I forget my persecution and my ill luck; and now since I saw you, Oona, I see there is something that is better even than the songs.

OONA. Poetry is a wonderful gift from God; and as long as you have that, you are richer than the people of stock and store, the people of cows and cattle.

HANRAHAN. Ah, Oona, it is a great blessing, but it is a great curse as well for a man, he to be a great poet. Look at me: have I a friend in this world? Is there a man alive that has a wish for me? is there the love of anyone at all on me? I am going like a poor lonely barnacle goose throughout the world; like Oisin after the Fenians; every person hates me: you do not hate me, Oona?

OONA. Do not say a thing like that; it is impossible that anyone would hate you.

HANRAHAN. Come and we will sit in the corner of the room together; and I will tell you the little song I made for you; it is for you I made it. (*They go to a corner and sit down together.* SHEELA *comes in at the door.*)

SHEELA. I came to you as quick as I could.

MAURYA. And a hundred welcomes to you.

SHEELA. What have you going on now?

MAURYA. Beginning we are; we had one jig, and now the piper is drinking a glass. They'll begin dancing again in a minute when the piper is ready.

SHEELA. There are a good many people gathering in to you to-night. We will have a fine dance.

MAURYA. Maybe so, Sheela; but there's a man of them there, and I'd sooner him out than in.

SHEELA. It's about the long red man you are talking, isn't it—the man that is in close talk with Oona in the corner? Where is he from, and who is he himself?

MAURYA. That's the greatest vagabond ever came into Ireland; Tumaus Hanrahan they call him; but it's Hanrahan the rogue he ought to have been christened by right. Aurah, wasn't there the misfortune on me, him to come in to us at all to-night?

SHEELA. What sort of a person is he? Isn't he a man that makes songs, out of Connacht? I heard talk of him before; and they say there is not another dancer in Ireland so good as him. I would like to see him dance.

MÁIRE. Gráin go deó ar an mbithiúnach! Tá's agam-sa go ró maith cia 'n cineál atá ann, mar bhí sórt carthanais idir é féin agus an chéad-fhear do bhí agam-sa, agus is minic chuala mé ó Dhiarmuid bocht (go ndéana Dia trócaire air!) cia 'n sórt duine bhí ann. Bhí sé 'na mhaistir sgoile, síos i gConnachta, acht bhíodh h-uile chleas aige ba mheasa ná a chéile. Ag síor-dheanamh abhrán do bhíodh sé, agus ag ól uisge beatha, agus ag cur imris ar bun ameasg na gcómharsan le n-a chuid cainte. Deir siad nach bhfuil bean in sna cúig cúigí nach meallfadh sé. Is measa é na Domhnall na Gréine fad ó. Acht budh é deireadh an sgéil gur ruaig an sagart amach as an bparráiste é ar fad. Fuair sé áit eile ann sin, acht lean sé do na cleasanna céadna, gur ruaigeadh amach arís é, agus arís eile, leis. Agus anois ní'l áit na teach na dada aige, acht é bheith ag gabhail na tíre, ag déanamh abhrán agus ag fáil loistín na h-oíche ó na daoine. Ní dhiúltóidh duine ar bith é, mar tá faitíos orra roimhe. Is mór an file é, agus b'éidir go ndéanfadh sé rann ort do ghreamódh go deó dhuit, dá gcuirfeá fearg air.

SÍGHLE. Go bhfóire Dia orrainn. Acht créad do thug asteach anocht é?

MÁIRE. Bhí sé ag taisteal na tíre, agus chuala sé go raibh damhsa le bheith ann so, agus thainig sé asteach, mar bhí eólas aige orrainn, – bhí sé mor go leor le me chéad-fhear. Is iontach mar tá sé ag déanamh amach a shlí-bheatha, chor ar bith, agus gan aige acht a chuid abhrán. Deir siad nach bhfuil áit a rachaidh sé nach dtugann na mná grá, agus nach dtugann na fir fuath dhó.

SÍGHLE. *(ag breith ar ghualainn Mháire).* Iompuigh do cheann, a Mháire, féuch é anois; é féin agus d'inghean-sa, agus an dá chloigionn buailte ar a chéile. Tá sé tar éis abhráin do dhéanamh dí, agus tá sé dh'á mhúnadh dhí ag cogarnuigh in a cluais. Óra, an bithiúnac! Béidh sé ag cur a chuid pistreog ar Úna anois.

MÁIRE. Och ón! go deo! Nach mí-ádúil tháinig sé! Tá sé ag caint le Úna h-uile móimid ó tháinig sé asteach, trí uaire ó shoin. Rinne mé mo dhíchioll le n-a sgaradh ó chéile, acht theip sé orm. Tá Úna bhocht tugtha do h-uile shórt sean-abhrán agus sean-raiméis de sgéalta, agus is binn leis an gcréatúir bheith ag éisteacht leis, mar tá béal aige sin do bhréagfadh an smólach de'n chraoibh. Tá's agad go bhfuil an pósadh réite socruithe idir Úna agus Séamus Ó h-Iarainn ann sin, ráithe ón lá indiu. Féuch Séamus bocht ag an dorus agus é ag faire orra. Tá brón agus ceannfaoi air. Is furus a feicsint go mbudh maith le Séamus an sgraisde sin do thachtadh an móimid seo. Tá faitíos mór orm go mbéidh an ceann iompuithe ar Úna le n-a chuid bladaireacht. Chomh cinnte a's tá mé beo, tiucfaidh olc ar an oíche seo.

SÍGHLE. Agus nach bhfeadfá a chur amach?

Casadh an tSúgáin / The Twisting of the Rope

MAURYA. Bad luck to the vagabond! It is well I know what sort he is; because there was a kind of friendship between himself and the first husband I had; and it is often I heard from poor Diarmuid —the Lord have mercy on him!—what sort of person he was. He was a schoolmaster down in Connacht; but he used to have every trick worse than another; ever making songs he used to be, and drinking whiskey and setting quarrels afoot among the neighbours with his share of talk. They say there isn't a woman in the five provinces that he wouldn't deceive. He is worse than Donal na Greina long ago. But the end of the story is that the priest routed him out of the parish altogether; he got another place then, and followed on at the same tricks until he was routed out again, and another again with it. Now he has neither place nor house nor anything, but he to be going the country, making songs and getting a night's lodging from the people; nobody will refuse him, because they're afraid of him. He's a great poet, and maybe he'd make a rann on you that would stick to you for ever, if you were to anger him.

SHEELA. God preserve us; but what brought him in to-night?

MAURYA. He was travelling the country and he heard there was to be a dance here, and he came in because he knew us; he was rather great with my first husband. It is wonderful how he is making out his way of life at all, and he with nothing but his share of songs. They say there is no place that he'll go to, that the women don't love him, and that the men don't hate him.

SHEELA (*catching* MAURYA *by the shoulder*). Turn your head, Maurya; look at him now, himself and your daughter, and their heads together; he's whispering in her ear; he's after making a poem for her and he's whispering it in her ear. Oh, the villain, he'll be putting his spells on her now.

MAURYA. Ohone, go deo! isn't it a misfortune that he came? He's talking every moment with Oona since he came in three hours ago. I did my best to separate them from one another, but it failed me. Poor Oona is given up to every sort of old songs and old made-up stories; and she thinks it sweet to be listening to him. The marriage is settled between herself and Sheamus O'Heran there, a quarter from to-day. Look at poor Sheamus at the door, and he watching them. There is grief and hanging of the head on him; it's easy to see that he'd like to choke the vagabond this minute. I am greatly afraid that the head will be turned on Oona with his share of blathering. As sure as I am alive there will come evil out of this night.

SHEELA. And couldn't you put him out?

MÁIRE. D'fhéadfainn. Níl duine ann so do chuideódh leis, muna mbeith bean nó dó. Acht is file mór é, agus tá mallacht aige do scoiltfeadh na crainn agus do réabfadh na clocha. Deir siad go lobhann an síol in san talamh, agus go n-imíonn a gcuid bhainne ó na ba nuair thugann file mar é sin a mhallacht dóibh, má ruaigeann duine as an teach é. Acht dá mbeith sé amuigh, mise mo bhannuí nach leigfinn asteach arís é.

SÍGHLE. Da rachadh sé féin amach go toiliúil, ní bheith aon bhrí in a chuid mhallacht ann sin?

MÁIRE. Ní bheith. Acht ní rachaidh sé amach go toiliúil, agus ní thig liom sa a ruagadh amach ar eagla a mhallacht.

SÍGHLE. Féuch Séamus bocht. Tá sé dul anonn go h-Úna.

(Eiríonn Séamus 's teann sé go h-Úna)

SÉAMUS. An ndamhsoidh tú an ríl seo liom-sa, a Úna, nuair bheas an píobaire réidh.

MAC UÍ h-ANN *(ag éirí)*. – Is mise Tomás Ó h-Annracháin, agus tá mé ag labhairt le Úna ní Ríogáin anois, agus chomh fad agus bheas fonn uirre-se bheith ag caint liom-sa ní leigfidh me d'aon duine eile teacht eadrainn.

SÉAMUS *(gan aire ar Mhac Uí h-Annracháin)*. Nach ndamhsóidh tú liom, a Úna?

MAC UÍ h-ANN *(go fíochmhar)*. Nar dhúirt mé leat anois gur liom-sa do bhí Úna ní Ríogáin ag caint? Imigh leat ar an móimid, a bhodaigh, agus ná tóg clampar ann so.

SÉAMUS. – A Úna – .

MAC UÍ h-ANN *(ag béicil)*. Fág sin!

(Imíonn Séamas agus tig sé go dtí an bheirt sean-mhnaoi.)

SÉAMUS. A Mháire ní Ríogáin, tá mé ag iarraidh cead ort-sa an sgraiste mi-adhúil, meisciúil sin do chaitheamh amach as an tigh. Má leigeann tú dham, cuirfidh mise agus mo bheirt dhearbráthar amach é, agus nuair bheas sé amuig sochróidh mise leis.

MÁIRE. Ó! a Shéamais, ná déan; Tá faitíos orm roimhe. Tá mallacht aige sin do sgoiltfeadh na crainn, deir siad.

SÉAMUS. Is cuma liom má tá mallacht aige do leagfadh na spéartha. Is orm-sa tuitfidh sé, agus cuirim mo dhushlan faoi. Dá maródh sé mé an móimid ní leigfidh mé dho a chuid pistreog do chur ar Úna. A Mháire, tabhair 'm cead.

SÍGHLE. Ná déan sin, a Shéamuis, tá comairle níos fearr 'ná sin agam-sa.

SÉAMUS. Cia an chomairle í sin?

SÍGHLE. Tá slí in mo cheann agam le n-a chur amach. Má leanan sibh-se mo chomairle-se rachaidh sé féin amach chomh socair le uan, d'á thoil féin, agus nuair gheobhaidh sibh amuigh é, buailidh an dorus air, agus na leigidh asteach arís go brath é.

MÁIRE. Rath ó Dhio ort, agus innis dam cad é tá i do cheann.

SÍGHLE. Déanfamaoid é chomh deas agus chomh simplí agus

Casadh an tSúgáin / The Twisting of the Rope

MAURYA. I could. There's no person here to help him unless there would be a woman or two; but he is a great poet, and he has a curse that would split the trees, and that would burst the stones. They say the seed will rot in the ground and the milk go from the cows when a poet like him makes a curse, if a person routed him out of the house; but if he was once out, I'll go bail I wouldn't let him in again.

SHEELA. If himself were to go out willingly, there would be no virtue in his curse then.

MAURYA. There would not, but he will not go out willingly, and I cannot rout him out myself for fear of his curse.

SHEELA. Look at poor Sheamus. He is going over to her. (SHEAMUS *gets up and goes over to her*.)

SHEAMUS. Will you dance this reel with me, Oona, as soon as the piper is ready?

HANRAHAN (*rising up*). I am Tumaus Hanrahan, and I am speaking now to Oona ni Regaun; and as she is willing to be talking to me, I will allow no living person to come between us.

SHEAMUS (*without heeding* HANRAHAN). Will you not dance with me, Oona?

HANRAHAN (*savagely*). Didn't I tell you now that it was to me Oona ni Regaun was talking? Leave that on the spot, you clown, and do not raise a disturbance here.

SHEAMUS. Oona——

HANRAHAN (*shouting*). Leave that! (SHEAMUS *goes away, and comes over to the two old women*.)

SHEAMUS. Maurya Regaun, I am asking leave of you to throw that ill-mannerly, drunken vagabond out of the house. Myself and my two brothers will put him out if you will allow us; and when he's outside I'll settle with him.

MAURYA. Sheamus, do not; I am afraid of him. That man has a curse they say that would split the trees.

SHEAMUS. I don't care if he had a curse that would overthrow the heavens; it is on me it will fall, and I defy him! If he were to kill me on the moment, I will not allow him to put his spells on Oona. Give me leave, Maurya.

SHEELA. Do not, Sheamus. I have a better advice than that.

SHEAMUS. What advice is that?

SHEELA. I have a way in my head to put him out. If you follow my advice, he will go out himself as quiet as a lamb; and when you get him out, slap the door on him, and never let him in again.

MAURYA. Luck from God on you, Sheela, and tell us what's in your head.

SHEELA. We will do it as nice and easy as you ever saw. We will

chonnaic tú ariamh. Cuirfimid é ag casadh súgáin go bhfuighimid amuigh é, agus buailfimid an dorus air ann sin.

MÁIRE. Is forus a rá, acht ní forus a dhéanamh. Déarfaidh sé leat 'déan súgán, thú féin.'

SÍGHLE. Déarfamaoid, ann sin, nach bhfaca duine ar bith ann so súgán feir ariamh, nach bhfuil duine ar bith an san tigh ar féidir leis ceann aca dhéanamh.

SÉAMUS. Acht an gcreidfidh sé rud mar sin – nach bhfacamar súgán riamh?

SÍGHLE. An gcreidfidh sé, an ea? Creidfidh sé rud ar bith, chreidfeadh sé go raibh sé féin 'na rí ar Éirinn nuair atá glaine ólta aige, mar atá anois.

SÉAMUS. Acht cad é an croiceann chuirfear sinn ar an mbréig seo, – go bhfuil súgán féir ag teastál uainn?

MÁIRE. Smuain ar chroicionn do chur air sin, a Shéamuis.

SÉAMUS. Déarfaid mé go bhfuil an ghaoth ag éirí agus go bhfuil cumhdach an tí d'á sguabadh leis an stoirm, agus go gcaithfimid súgán tharraingt air.

MÁIRE. Acht má éisteann sé ag an dorus beidh fhios aige nach bhfuil gaoth na stoirm ann. Smuain ar chroicionn eile, a Shéamuis.

SÍGHLE. 'Nois, tá an chomairle cheart agam-sa. Abair go bhfuil cóiste leagtha ag bun an chnuic, agus go bhfuil siad ag iarraidh súgáin leis an gcóiste do leasú. Ní fheicfidh sé chomh fada sin ó'n dorus, agus ní bheidh fhios aige nach fior é.

MÁIRE. Sin é an sgéal, a Shígle. 'Nois, a Shéamuis, gabh imeasg na ndaoine agus leig an run leó. Innis dóibh cad tá aca le rá – nach bhfaca duine ar bith san tír seo súgán féir riamh – agus cuir croicionn maith ar an mbréig, thú féin.

(*Imíonn Séamus ó dhuine go duine ag cogarnaigh leo. Tosaíonn cuid aca ag gáire. Tagann an píobaire agus tosaíonn sé ag seinm. Éiríonn trí nó ceathrar de chúplaí, agus tosaíonn siad ag damhsa. Imíonn Séamus amach.*)

MAC UÍ h-ANN (*ag éirí tar éis a bheith ag féachaint orra ar feadh cupla móimid*). Psuit! Stopagaí! An dtugann sibh damhsa ar an strapaireacht sin! Tá sibh ag bualadh an urláir mar bheith an oiread sin d'eallach. Tá sibh chomh trom le bulláin, agus chomh ciotach le asail. Go dtachtar mo phíoban dá mb'fhearr liom bheith ag féachaint orraibh 'ná an oiread sin lachain bacach, ag léimnigh ar leath-chois ar fud an tí! Fágaidh an t-urlár fá Úna ní Ríogáin agus fúm-sa.

FEAR (*atá dul ag damhsa*). Agus cad fath a bhfágfamaoid an t-urlár fút-sa?

MAC UÍ h-ANN. Tá an eala ar bhruach na toinne, tá an Phoenics Ríoga, tá péarla an bhrollaigh bháin, tá an Bhénus ameasg na mban, tá Úna Ní Ríogáin ag seasamh suas liom-sa, agus áit ar bith a n-éiríonn sise suas umhlaíonn an ghealach agus an ghrian féin dí,

Casadh an tSúgáin / The Twisting of the Rope

put him to twist a hay-rope till he is outside, and then we will shut the door on him.

SHEAMUS. It's easy to say, but not easy to do. He will say to you, 'Make a hay-rope yourself.'

SHEELA. We will say then that no one ever saw a hay-rope made, that there is no one at all in the house to make the beginning of it.

SHEAMUS. But will *he* believe that we never saw a hay-rope?

SHEELA. He believe it, is it? He'd believe anything; he'd believe that himself is king over Ireland when he has a glass taken, as he has now.

SHEAMUS. But what excuse can we make for saying we want a hay-rope?

MAURYA. Can't you think of something yourself, Sheamus?

SHEAMUS. Sure, I can say the wind is rising, and I must bind the thatch, or it will be off the house.

SHEELA. But he'll know the wind is not rising if he does but listen at the door. You must think of some other excuse, Sheamus.

SHEAMUS. Wait, I have a good idea now; say there is a coach upset at the bottom of the hill, and that they are asking for a hay-rope to mend it with. He can't see as far as that from the door, and he won't know it's not true it is.

MAURYA. That's the story, Sheela. Now, Sheamus, go among the people and tell them the secret. Tell them what they have to say, that no one at all in this country ever saw a hay-rope, and put a good skin on the lie yourself. (SHEAMUS *goes from person to person whispering to them, and some of them begin laughing. The piper has begun playing. Three or four couples rise up.*)

HANRAHAN (*after looking at them for a couple of minutes*). Whisht! Let ye sit down! Do ye call that dragging, dancing? You are tramping the floor like so many cattle. You are as heavy as bullocks, as awkward as asses. May my throat be choked if I would not sooner be looking at as many lame ducks hopping on one leg through the house. Leave the floor to Oona ni Regaun and to me.

ONE OF THE MEN GOING TO DANCE. And for what would we leave the floor to you?

HANRAHAN The swan on the brink of the waves, the royal phœnix, the pearl of the white breast, the Venus amongst the women, Oona ni Regaun, is standing up with me, and any place she rises up, the sun and the moon bow to her, and so shall ye yet. She is too handsome, too sky-like for any other woman to be near her. But wait a while! Before I'll show you how the Connacht boy can dance, I will give you the poem I made on the star of the province of Munster, on Oona ni Regaun. Get up, O sun among women, and

agus umlóidh sibh-se. Tá sí ro áluinn agus ró spéiriúil le h-aon bhean eile do bheith 'na h-aice. Acht fan go fóil, sul thaisbeánaim daoibh mar gnidheann an buachaill breá Connachta rinnce, déarfaidh mé an t-abhran daoibh do rinne mé do Réult Chuige Mumhan – d'Úna Ní Ríogáin. Éirí, a ghrian na mban, agus déarfamaoid an t-abhrán le chéile, gach le bhéarsa, agus ann sin múinfimid dóibh cad é is rinnce fíreannach ann.
(*Éiríonn siad 's gabhaid abhran*)

MAC UÍ h-ANN.   'Sí Úna bhán, na gruaige buí,
                  An chúilfionn 'chrá in mo lár mo chroí,
                     Is ise mo rún, 's mo chumann go buan,
                  Is cuma liom choiche bean acht í.

ÚNA.   A bháird na suile duibhe, is tú
                  Fuair buaidh in san saol a's clú;
                     Goirim do bhéal, a's molaim thú féin,
                  Do chuiris mo chroí in mo chléibh amú.

MAC UÍ h-ANN.   'Sí Úna bhán na gruaige óir,
                  Mo searc, mo cumann, mo ghrá, mo stór,
                     Rachaidh sí féin le n-a bárd i gcéin,
                  Do loit sí a chroí in a chléibh go mór.

ÚNA.   Níor bhfhada oíche liom, ná lá,
                  Ag éisteacht le do chomra breá,
                     Is binne do bhéal na seinm na n-éan
                  Óm' chroí in mo chléibh do fuairis grá.

MAC UÍ h-ANN.   Do shiúil mé féin an domhan iomlan,
                  Sacsana, Éire, an Fhrainc 's an Spáin,
                     Ní fhaca mé féin i mbaile ná 'gcéin,
                  Aon ainnir fá'n ngrein mar Úna bhán.

ÚNA.   Do chuala mise an chláirseach bhinn
                  San tsráid sin Chorcaigh, ag seinm linn,
                     Is binne go mór liom féin do ghlór,
                  Is binne go mór do bhéal 'na sin.

MAC UÍ h-ANN.   Do bhí mé féin mo chadhan bocht, tráth,
                  Níor leir dham oíche thar an lá,
                     Go bhfaca mé í, do ghoid mo chroí,
                  A's do dhíbir dhíom mo bhrón 's mo chrá.

we will sing the song together, verse about, and then we'll show them what right dancing is! (Oona *rises*.)

HANRAHAN.

She is white Oona of the yellow hair,
The Coolin that was destroying my heart inside me;
She is my secret love and my lasting affection;
I care not for ever for any woman but her.

OONA.

O bard of the black eye, it is you
Who have found victory in the world and fame;
I call on yourself and I praise your mouth;
You have set my heart in my breast astray.

HANRAHAN.

O fair Oona of the golden hair,
My desire, my affection, my love and my store,
Herself will go with her bard afar;
She has hurt his heart in his breast greatly.

OONA.

I would not think the night long nor the day,
Listening to your fine discourse;
More melodious is your mouth than the singing of the birds;
From my heart in my breast you have found love.

HANRAHAN.

I walked myself the entire world,
England, Ireland, France, and Spain;
I never saw at home or afar
Any girl under the sun like fair Ooona.

OONA.

I have heard the melodious harp
On the streets of Cork playing to us;
More melodious by far I thought your voice,
More melodious by far your mouth than that.

HANRAHAN.

I was myself one time a poor barnacle goose;
The night was not plain to me more than the day
Till I got sight of her; she is the love of my heart
That banished from me my grief and my misery.

ÚNA. Do bhí mé féin ar maidin indé,
Ag siúl cois coille le fáinne an lae,
  Bhí éun ann sin ag seinm go binn,
' 'Mo ghrá-sa an grá, a's nach áluinn é!'

(*Glaodh agus torann agus buaileann Séamus Ó h-Iarainn an dorus asteach.*)

SÉAMUS. Ob ob ú, och ón í ó, go deó! Tá an coiste mór leagtha ag bun an chnuic. Tá an mála a bhfuil litreacha na tíre ann pléasgtha, agus ní'l sreang ná téad ná rópa ná dada aca le na cheangailt arís. Tá siad ag glaoch amach anois ar súgán féir do dhéanamh dóibh – cibe sórt ruid é sin – agus deir siad go mbeidh na litreacha 's an cóiste caillte ar easba súgáin féir le n-a gceangailt.

MAC UÍ h-ANN. Ná bí 'g ár mbodhrú! Tá ár n-abhrán ráite againn, agus anois támaoid dul ag damhsa. Ní thagann an cóiste an bealach sin ar aon-chor.

SÉAMUS. Tagann sé an bealach sin anois – acht is dóigh gur stráinséar thusa, agus nach bhfuil eólas agad air. Nach dtagann an cóiste thar an gcnoc anois a chómarsanna?

IAD UILE. Tagann, tagann go cinnte.

MAC UÍ h-ANN. Is cuma liom, a theacht no gan a theacht. Acht b'fhearr liom fiche cóiste bheith briste ar an mbóthar ná go gcuirfeá Péarla an bhrollaig bháin ó dhamsa dúinn. Abair leis an gcóisteóir rópa do chasadh dhó féin.

SÉAMUS. Ó murder, ní thig leis, tá an oiread sin de fuinneamh agus de theas agus de spreacadh agus de lúth in sna caplaibh aigeanta sin go gcaithidh mo chóisteór bocht breith ar a gcinn. Is ar éigin-báis is féidir mo chóisteór bocht breith ar a gcinn. Is ar éigin-báis is féidir leis a gceapadh ná a gcongbháil. Tá faitíos a anam' air go n-éiréoidh siad in a mhullach, agus go n-imeóidh siad uaidh de ruaig. Tá gach uile sheitreach asta, ní fhaca tú riamh a leithéid de chaplaibh fiadháine!

MAC UÍ h-ANN. Má tá, tá daoine eile ins an gcóiste a dhéanfas rópa má's éigin do'n chóisteóir bheith ag ceann na gcapall. Fág sin agus leig dúinn damhsa.

SÉAMUS. Tá. Tá triúr eile ann, acht maidir le ceann aca, tá sé ar leath-láimh, agus fear eile aca, – tá sé ag crith agus ag crathadh leis an sgannradh fuair sé, ní thig leis seasamh ar a dhá chois leis an eagla atá air; agus maidir leis an tríomadh fear ní'l duine ar bith san tír do leigfeadh an focal sin 'rópa' as a bhéul in a fhianuise, mar nach le rópa do chrochadh a athair féin anurraigh mar gheall ar chaoirigh do ghoid.

MAC UÍ h-ANN. Casadh fear agaib féin súgán dó, mar sin, agus fágaidh an t-urlár fúinn-ne. (*Le Úna*) 'Nois, a réalt na mban, taisbeán dóibh mar imíonn Iúnó imeasg na nDéithe, no Helen fá'r

Casadh an tSúgáin / The Twisting of the Rope

OONA.

I was myself on the morning of yesterday
Walking beside the wood at the break of day;
There was a bird there was singing sweetly,
How I love love, and is it not beautiful?

(*A shout and a noise, and* SHEAMUS O'HERAN *rushes in.*)

SHEAMUS. Ububu! Ohone-y-o, go deo! The big coach is overthrown at the foot of the hill! The bag in which the letters of the country are is bursted, and there is neither tie, nor cord, nor rope, nor anything to bind it up. They are calling out now for a hay sugaun—whatever kind of thing that is; the letters and the coach will be lost for want of a hay sugaun to bind them.

HANRAHAN. Do not be bothering us; we have our poem done, and we are going to dance. The coach does not come this way at all.

SHEAMUS. The coach does come this way now; but sure you're a stranger, and you don't know. Doesn't the coach come over the hill now, neighbours?

ALL. It does, it does, surely.

HANRAHAN. I don't care whether it does come or whether it doesn't. I would sooner twenty coaches to be overthrown on the road than the pearl of the white breast to be stopped from dancing to us. Tell the coachman to twist a rope for himself.

SHEAMUS. Oh! murder! he can't. There's that much vigour, and fire, and activity, and courage in the horses, that my poor coachman must take them by the heads; it's on the pinch of his life he's able to control them; he's afraid of his soul they'll go from him of a rout. They are neighing like anything; you never saw the like of them for wild horses.

HANRAHAN. Are there no other people in the coach that will make a rope, if the coachman has to be at the horses' heads? Leave that, and let us dance.

SHEAMUS. There are three others in it; but as to one of them, he is one-handed, and another man of them, he's shaking and trembling with the fright he got; it's not in him now to stand up on his two feet with the fear that's on him; and as for the third man, there isn't a person in this country would speak to him about a rope at all, for his own father was hanged with a rope last year for stealing sheep.

HANRAHAN. Then let one of yourselves twist a rope so, and leave the floor to us. (*To* OONA.) Now, O star of women, show me how Juno goes among the gods, or Helen for whom Troy was destroyed.

sgriosadh an Traoi. Dar mo láimh, ó d'éag Déirdre, fá'r cuireadh Naoise mac Uisnigh chum báis, ní'l a hoidhre in Érinn indiu acht tú féin. Tosaímaoid.

SÉAMUS. Ná tosaí, go mbeidh an súgán againn. Ní thig linn-ne súgán chasadh. Ní'l duine ar bith annso ar féidir leis rópa do dhéanamh!

MAC UÍ h-ANN. Ní'l duine ar bith annso ar féidir leis rópa dheanamh!!

IAD UILE. Ní'l.

SÍGHLE. Agus is fíor dhaoibh sin. Ní dhearna duine ar bith ins an tír seo súgán féir ariamh, ni mheasaim go bhfuil duine in san tigh seo do chonnaic ceann aca, féin, acht mise. Is maith cuimhním-se, nuair nach raibh ionnam acht girseach beag go bhfaca me ceann aca ar ghabhar do rug mo shean-athair leis as Connachta. Bhíodh na daoine uile ag rá, 'ara! cia'n sórt ruid é sin chor ar bith?' agus dúirt seisean gur súgán do bhí ann, agus go gnidís na daoine a leithéid sin shíos i gConnachta. Dúirt sé go rachadh fear aca ag congbháil an fhéir agus fear eile d'á chasadh. Congbhóidh mise an féar anois, má théann tusa d'á casadh.

SÉAMUS. Bhéarfaidh mise glac féir asteach.

(*Imíonn se amach.*)

MAC UÍ h-ANN. (*ag gabháil*).

Déanfaidh mé cáineadh cúige Mumham,
Ní fágann siad an t-urlár fúinn;
Ní'l ionnta casadh súgáin, féin!
Cúige Mumhan gan snas gan séan!

Gráin go deo ar chúige Mumhan,
Nach bhfágainn siad an t-urlár fúinn;
Cúige Mumhan na mbaillseóir mbréan,
Nach dtig leo casadh súgáin, féin!

SÉAMUS (*ar ais*). Seo an fear anois.

MAC UÍ h-ANN. Tabhair 'm ann so é. Taisbeánfaidh mise dhaoibh cad dhéanfas an Connachta deá-mhuinte deaslámhach, an Connachta cóir cliste ciallmar, a bhfuil lúth agus lán-stuaim aige in a láimh, agus ciall in a cheann, agus coráiste in a chroí, acht gur seol mí-ádh agus mórbhuaidhreadh an tsaol é ameasg leibidíní chúige Mumhan, atá gan aoirde gan uaisle, atá gan éolas an eala thar an lachain, nó ar an ór thar an bprás, nó ar an lile thar an bhfóthanán, nó ar réult na mbán óg, agus ar phéarla an bhrollaigh bháin, thar a gcuid straoille agus giobach féin. Tabhair 'm cipín!

(*Síneann fear maide dhó, cuireann se sop féir timchioll air, tosaíonn se dh'á chasadh, agus Síghle ag tabhairt amach an féir do.*)

Casadh an tSúgáin / The Twisting of the Rope

By my word, since Deirdre died, for whom Naoise, son of Usnech, was put to death, her heir is not in Ireland to-day but yourself. Let us begin.

SHEAMUS. Do not begin until we have a rope; we are not able to twist a rope; there's nobody here can twist a rope.

HANRAHAN. There's nobody here is able to twist a rope?

ALL. Nobody at all.

SHEELA. And that's true; nobody in this place ever made a hay sugaun. I don't believe there's a person in this house who ever saw one itself but me. It's well I remember when I was a little girsha that I saw one of them on a goat that my grandfather brought with him out of Connacht. All the people used to be saying: 'Aurah, what sort of a thing is that at all?' And he said that it was a sugaun that was in it; and that people used to make the like of that down in Connacht. He said that one man would go holding the hay, and another man twisting it. I'll hold the hay now; and you'll go twisting it.

SHEAMUS. I'll bring in a lock of hay. (*He goes out.*)

HANRAHAN.

I will make a dispraising of the province of Munster:
They do not leave the floor to us;
It isn't in them to twist even a sugaun;
The province of Munster without nicety, without prosperity.

Disgust for ever on the province of Munster,
That they do not leave us the floor;
The province of Munster of the foul clumsy people.
They cannot even twist a sugaun!

SHEAMUS (*coming back*). Here's the hay now.

HANRAHAN. Give it here to me; I'll show ye what the well-learned, hardy, honest, clever, sensible Connachtman will do, that has activity and full deftness in his hands, and sense in his head, and courage in his heart; but that the misfortune and the great trouble of the world directed him among the *lebidins* of the province of Munster, without honour, without nobility, without knowledge of the swan beyond the duck, or of the gold beyond the brass, or of the lily beyond the thistle, or of the star of young women, and the pearl of the white breast, beyond their own share of sluts and slatterns. Give me a kippeen. (*A man hands him a stick; he puts a wisp of hay round it, and begins twisting it; and* SHEELA *giving him out the hay.*)

Mac Uí h-Ann *(ag gabháil).*

Tá péarla mná, 'tabhairt soluis dúinn,
Is í mo ghrá, is í mo rún,
Is í Úna bhán, an ri-bhean chiúin,
'S ní thuigid na Muimhnigh leath a stuaim.

Atá na Muimhnigh seo dallta ag Dia,
Ní aithnid eala thar lacha liath,
Acht tiucfaidh sí liom-sa, mo Hélen bhreá
Mar a molfar a pearsa 's a sgéimh go bráth.

Ara! mhuise! mhuise! mhuise! Nach é seo an baile breá lách, nach é seo an baile thar bárr, an baile a mbíonn an oiread sin rógaire crochta ann nach mbíonn aon easbhuidh rópa ar na daoine, leis an méad rópa ghoideann siad ó'n gcrochaire. Cráiteacháin atá ionnta. Tá na ropaí aca agus ní thugann siad uatha iad – acht go gcuireann siad an Connachta bocht ag casadh súgáin dóibh! Níor chas siad súgán féir in san mbaile seo ariamh – agus an mbéad súgán cnaibe ata aca de bhárr an chrochaire!

Gnidheann Connachtach ciallmhar
 Rópa dhó féin,
Acht goideann an Muimhneach
 Ón gcrochaire é!
Go bhfeice mé rópa
 Breá cnáibe go fóill
D'á fhasgadh ar sgóigibh
 Gach aoinne ann so!

Mar gheall ar aon mnaoi amháin d'imíodar na Gréagaigh, agus nior stopadar, agus níor mhór-chonaíodar no gur sgriosadar an Traoi, agus mar gheall ar aon mnaoi amháin béidh an baile seo damanta go deo na ndeór agus go bruinne an bhratha, le Dia na ngrás go siorrai suthain, nuair nar thuigeadar gur ab í Úna ní Ríogáin an dara Hélen do rugadh in a measg, agus go rug sí bárr aille ar Hélen agus ar Bhénus, ar a dtáinig roimpi agus ar dtiucfas 'na diaigh.

Acht tiucfaidh sí liom mo phearla mna
Go cúige Connacht na ndaoine breá;
Gheobhaidh sí feasta fíon a's feoil,
Rinnceanna árda, spórt a's ceól.

Ó! mhuise! mhuise! nár éirí an ghrian ar an mbaile seo, agus nár lasa réalta air, agus nár. . .

(Tá sé san am so amuigh thar an dorus. Éiríonn na fir uile agus dúnaid é d'aon ruaig amháin air. Tugann Úna léim chum an doruis, acht beirid na mná uirri. Téann Séamus anonn chuici.)

Úna. O! O! O! Ná cuirigi amach é. Leig ar ais é. Sin Tomás Ó

Casadh an tSúgáin / The Twisting of the Rope

HANRAHAN.
There is a pearl of a woman giving light to us;
She is my love; she is my desire;
She is fair Oona, the gentle queen-woman.
And the Munstermen do not understand half her courtesy.

These Munstermen do not understand half her courtesy.
They do not recognise the swan beyond the grey duck;
But she will come with me, my fine Helen,
Where her person and her beauty shall be praised for ever.

Arrah, wisha, wisha, wisha! isn't this the fine village? isn't this the exceeding village? The village where there be that many rogues hanged that the people have no want of ropes with all the ropes that they steal from the hangman!

> The sensible Connachtman makes
>   A rope for himself;
> But the Munsterman steals it
>   From the hangman;
> That I may see a fine rope,
>   A rope of hemp yet,
> A stretching on the throats
>   Of every person here!

On account of one woman only the Greeks departed, and they never stopped, and they never greatly stayed, till they destroyed Troy; and on account of one woman only this village shall be damned; *go deo, ma neoir*, and to the womb of judgment, by God of the graces, eternally and everlastingly, because they did not understand that Oona ni Regaun is the second Helen, who was born in their midst, and that she overcame in beauty Deirdre and Venus, and all that came before or that will come after her!

> But she will come with me, my pearl of a woman,
> To the province of Connacht of the fine people;
> She will receive feasts, wine, and meat,
> High dances, sport, and music!

Oh, wisha, wisha! that the sun may never rise upon this village; and that the stars may never shine on it; and that———. (*He is by this time outside the door. All the men make a rush at the door and shut it.* OONA *runs towards the door, but the women seize her.* SHEAMUS *goes over to her.*)

OONA. Oh! oh! oh! do not put him out; let him back; that is

h-Annracháin, is file é, is bárd é, is fear iontach é. O leig ar ais é, ná déan sin air!

SEAMUS. A Úna bhán, agus a chuisle dhíleas, leig dó. Tá sé imithe anois agus a chuid phistreog leis. Beidh sé imithe as do cheann amárach, agus beidh tusa imithe as a cheann-san. Nach bhfuil fios agat go maith go mb'fhearr liom thú 'na céad míle Déirdre, agus gur tusa m'aon phéarla mná amháin d'á bhfuil in san domhan.

MAC UÍ h-ANN (*amuigh, ag bualadh ar an dorus*). Fosgail! Fosgail! Fosgail! Leigidh asteach mé. Ó mo sheacht gcéad míle mallacht orraibh.

(*Buaileann sé an dorus arís agus arís eile.*)
Mallacht na lag orraibh 's na láidir,
Mallacht na sagart agus na mbráthar,
Mallacht na n-Easbal agus an Phápa,
Mallacht na mbaintreach 's na ngarlach.

Fosgail! Fosgail! Fosgail!

SÉAMUS. Tá mé buíoch díbh a chómharsanna, agus béidh Úna buíoch díbh amárach. Buail leat, a sgraiste! Déan do dhamsa leat féin amuigh ann sin, anois! Ní bhfuighidh tú asteach ann so! Óra, a chómarsanna nach breá é, duine do bheith ag éisteacht leis an stoirm taobh amuig, agus é féin go socair sásta cois na teine. Buail leat! Gread leat! Cá'uil Connacht anois?

Casadh an tSúgáin / The Twisting of the Rope

Tumaus Hanrahan—he is a poet—he is a bard—he is a wonderful man. O, let him back; do not do that to him!

SHEAMUS. O Oona *bán, acushla dílis,* let him be; he is gone now, and his share of spells with him! He will be gone out of your head to-morrow; and you will be gone out of his head. Don't you know that I like you better than a hundred thousand Deirdres, and that you are my one pearl of a woman in the world?

HANRAHAN (*outside, beating on the door*). Open, open, open; let me in! Oh, my seven hundred thousand curses on you—the curse of the weak and of the strong—the curse of the poets and of the bards upon you! The curse of the priests on you and the friars! The curse of the bishops upon you, and the Pope! The curse of the widows on you, and the children! Open! (*He beats on the door again and again.*)

SHEAMUS. I am thankful to ye, neighbours; and Oona will be thankful to ye to-morrow. Beat away, you vagabond! Do your dancing out there with yourself now! Isn't it a fine thing for a man to be listening to the storm outside, and himself quiet and easy beside the fire? Beat away, beat away! Where's Connacht now?

AN TINCÉAR AGUS AN tSIDHEÓG
THE TINKER AND THE SHEEOG

AN TINCÉAR AGUS AN tSIDHEÓG

NA DAOINE

SIDHEÓG
ÓGÁNACH

FEILMÉAR
TINCÉAR

ÁIT

Coill. Tagann sean-tsidheóg asteach. Greadann sí a dhá bois le cheile. Leigeann sí a cuid gruaige le gaoth. Tá sí ag caoineadh agus ag fásgadh na lámh.

SIDHEÓG. A bhainríoghan gan trócaire, go dtuite dorchadas ar do shúile agus neullta ar do cheann, agus teine ar do chroí – ort-sa féin agus ar do chuid sidheóg, do ruaig as an mbruighim mé agus do thug do'n bhás mé. O! An bás!! An bás!! An bás!! Shíl mé ar feadh na gcéadta bliain nach dtiucfadh sé chomh fada liom choiche. Agus anois ní'l acht aon uair de bheatha agam. An bheatha! Budh é sin an rud do bhí riamh milis. An rud a mbíodh an blas air. Éist! (*Cuireann sí cluas uirri féin.*) Tá sidheóga na bainríoghna ar mo thóir arís – acht ní'l – ní'l ann acht an ghaoth. Tá mé imithe glan, uathu. Ní fheicfidh siad ann so mé. Rachaidh mé níos faide asteach san choill seo agus beidh mé i bhfolach. Gheobhaidh mé bás ann so liom féin. (*Ag iompú agus ag síneadh amach a méir.*) A bhainríoghain na nimhe, ní fheicfidh tú choiche an Bás ag teacht orm-sa. Budh mhilse 'na mil leat bheith ag féachaint orm i n-alt na h-uaire seo, acht ní thiubhraidh mise an sásamh sin duit. (*Téann sí go bun chrainn úll, féachann sí suas air.*) O! a chrainn áluinn, a chrainn áluinn fá bhláth, is gearr ó bhí mise fá bhláth mar thusa – agus féach anois mé! Éist le mo sgéal, a chrainn, leag síos do ghéaga, agus foluigh me ó'n tóir. Is bainríoghain mo mhuinntire féin a chuireas insan riocht seo mé. Bhí éad uirri agus nuair rugadh mé insan mbruidhin, thug sí míle bliain de bheatha dham, agus annsin, ar sise, blasfaidh tú an tsean-aois agus an bás – an bás a d'fhág d'athair in mo chroí-se nuair phós sé do mathair. Chuaidh m'athair síos ar a dhá ghlún ann sin, agus d'iarr sé d'athchuinge ar an mbainríoghain an breithiunas crua sin do laghdú, no slighe do thabhairt do'n naíonán do theacht saor as. Dúradh liom

An Tincéar agus an tSidheóg / The Tinker and the Sheeog

THE TINKER AND THE SHEEOG[1]

A Sheeog
A Young Man
A Farmer
A Tinker

(*A wood. An old* Sheeog *comes out of it. She strikes her two hands together. She lets out her share of hair into the wind. She is crying and wringing her hands.*)

Sheeog. Oh queen without pity, that there may fall darkness on your eyes, and clouds on your head, and fire on your heart, on yourself and on your share of sheeogs, that routed me out of the forth[2] and that gave me to death. O! to Death! Death! ! ! I thought through the length of the hundred years it would never come so near as this to me. And now I have but one hour of life left! Life! That was the thing was always sweet. The thing that had the taste in it! Hush! (*She puts an ear on herself.*) The queen's sheeogs are after me again. They are not, it's nothing but the wind. I am gone clean and clear from them. They will not see me here. I will go farther yet into this wood and I will be covered. (*Hidden.*) I will meet my death here with myself. (*Turning and stretching out her finger.*) O venomous queen, you will never see the Death coming on me. It would be sweeter than honey to you to be looking at me at this time, but I will not give you that satisfaction. (*She goes to the foot of an apple tree and looks at it.*) Oh! beautiful tree, Oh beautiful tree in blossom, it is short since I was blossoming like you. And look at me now! Let down your twigs and hide me from the search and listen to my story. It is the queen of my own people put me in this state. There was jealousy on her and when I was born in the forth, she gave me a thousand years of life, and then, says she, you will taste old age and death, the death that your father left in my heart the time he married your mother. My father went down on his two knees then, and he asked a request of the queen to lighten that judgement, or to leave a way to his child to come safe out of it. It was told to me a hundred times. Oh, is it

1. This play was first performed in the garden of George Moore's home in Ely Place, Dublin, on 19 May 1902. Hyde played the part of the Tinker. Sheeog is the phonetic spelling of the Irish *Sidheog*, and is used throughout the play. *Sidhe* is pronounced Shee.
2. A forth is a fairy fort.

céad uair, O! nach mbíonn sé in mo cheann i gcónaí! an rud a d'fhreagair sí. 'Nuair bheas sí ar bhruach an bháis an lá deireannach d'á saol, má fhághann sí, an lá sin, fear a phógfas a béal go toilteannach gan fhios a cúise aige, an uair sin leigfidh mé an aois agus an bás dí, agus béidh sí óg arís mar gach sidheóg eile.' Anois atá m'aimsir caite. Seo mo lá deireannach, agus bhí mé ag eulodh as an mbruighin ag iarraidh fir shaolta do bhéarfadh póg dam, nuair lean siad mé. Acht ní bhéidh an sásamh sin aca do beith ag féachaint orm. Leag síos do ghéaga níos faide agus foluigh mé. Geobhaidh mé bás ann so liom féin. Acht tá faitíos orm, o tá faitíos orm roimh an mbás! (*Suíonn sí síos ar chloch, cuireann sí a h-eadan idir a dá láimh, agus goilleann sí go gear crua. Tagann fear óg asteach agus bogha agus saighda agus cú leis.*)

ÓGÁNACH. Chonnairc mé an fia ag rith asteach ann so. Ní'l sé i bhfad uaim. (*Féachann sé an tsean-bhean liath ar an gcloch.*) Créad é seo? Cia tá againn ann so? Sean bhean agus í ag caoineadh! (*Téann sé anonn chuici.*) Cad é sin ort, a bhean chóir?

AN tSIDHEÓG (*ag léimnigh suas agus gáir lúghaire ar a béal.*) O! Fear saolta thú! O bíodh trua agad do'n chréatúr bocht is mi-adhamhla d'á rugadh riamh no d'á mbéarfar choiche.

ÓGÁNACH. Cad dhéanfas mé duit; cad tá tú 'iarraidh orm?

SIDHEÓG. Aon phóg amhain uait.

ÓGÁNACH (*Ag féachaint uirri agus iontas air*). Póg do thabhairt duit-se! Póg do tabhairt duit-se an ea! Is sean-bhean ar buile thú, b'fearr liom an bás. Seo píosa airgid chugat. (*Caitheann sé píosa airgid chuici agus imíonn sé gan féachaint uirri, d'á rá leis féin.*) Go bhfóire Dia uirri. Sean-bhean ar di-chéille í.

(*Suíonn sí síos agus sgairteann sí ar caoineadh.*)

SIDEÓG. O! nach crua na croí atá ag daoine an t-saoil 'B'fhearr leis an bás' adúirt sé 'ná póg do thabhairt dam! Bhfuil mé chomh gránna sin? (*Éiríonn sí agus téann sí go tobar. Cromann sí os cionn an tobair ag féachaint ar a sgáile san uisge. Tógann sí a ceann.*) O! anois tuigim! Tá mé chomh gránna le seanchailligh saolta. B'fhearr liom an bás 'ná bheith mar so! O sin fear eile. (*Tig feilméar óg asteach agus ráca aige ar a ghualainn.*)

FEILMÉAR. Go mbeannaí Dia dhuit, a shean-bhean. An bhfaca tú asal ar seachrán ann so?

SIDHEÓG. Ní fhacas. (*Imíonn an feilméar gan breathnú uirri.*)

SIDHEÓG. Bhí eagla orm focal do rá leis. Dá n-iarrain póg air, is dóigh go ndéarfadh sé rud liom bud mheasa ná an fear eile. (*Suíonn sí ar an gloch arís.*) Anois tá an t-am ionnann agus caite. Ar a sé a chlog tráthnona, rugadh mé míle bliain ó shoin. Ar a sé a chlog gheobhaidh mé bás anois. Cá bhfuil an ghrian? Dul siar, dul siar. Bhfuil dhá uair an chloig de bheatha agam? Ní'l. Bhfuil

An Tincéar agus an tSidheóg / The Tinker and the Sheeog

not always in my head; the thing she answered. "When she will be at the brink of death the last day of her life, if she finds in that day a man that will kiss her mouth willingly, without knowledge of her case, at that time I will let age and death from her, and she will be young again like every other sheeog." Now my time is spent. This is my last day and I was making my escape out of the forth to ask some living earthly man to give me a kiss, when they followed me. But they will not get the satisfaction to be looking at me. Set down your branches lower yet and hide me. I will die here by myself. But there is fear in me. Oh there is great fear on me before death! (*She sits down on a stone, puts her face between her two hands and sobs hard and sharp. A young man enters, gun and a hound with him.*)

YOUNG MAN. I saw the deer running in here. It can't be far from me. (*Looks at the grey old woman on the stone.*) What is that? Who have we here? An old woman and she crying? (*He comes over to her.*) What is on you, decent woman?

SHEEOG (*jumping up; a glad smile on her mouth.*) Oh, you are a living man! Oh, let you have pity on the poor creature is the most unlucky that ever was born or ever will be born.

YOUNG MAN. What can I do for you. What are you asking of me?

SHEEOG. One kiss only from you.

YOUNG MAN (*looking at her with wonder on him.*) To give you a kiss! To give you a kiss is it? Look at yerself in the well. It's a cracked old woman you are; I would sooner get my death. There's a piece of silver for you. (*Throws her a piece of money and goes away without looking at her, talking to himself.*) God help her! Her wits are astray. (*The sheeog sits down again and goes near to break her heart with crying.*)

SHEEOG. Oh, isn't it hard the heart of the people of the world. He would sooner death, he said, than to give me a kiss! Am I as ugly as that? (*She gets up and goes to a well. She stoops over the well to look at her shadow in the water. She shakes her head.*) O! now I understand. I am as ugly as the Old Hag of the World! Death would be better to me than to be like that! Oh! there is another man! (*A young farmer enters and a rake on his shoulder.*)

FARMER. God save you old woman. Did you see an ass going astray here?

SHEEOG. I did not. (*The farmer goes on without taking notice of her.*) There was fear on me to say a word to him. If I asked a kiss of him, it's likely he would say something worse again than the other man. (*She sits down on the stone again.*) Now the time is full up and spent. At six o'clock this evening, I was born a thousand years ago. At six o'clock I will get my death now. Where is the sun. Going west, going west. Have I two hours to live by the clock? I

uair agam? Faoi cheann leath-uaire ní bheidh acht leath-uair eile agam. Ann sin ceathrú uaire, deich móimid, cuig móimid, móimid amháin, agus ann sin . . . Céard é seo? (*Guth o'n taobh amuigh.*)

    Moladh gach aon a shlí san saol
      Moladh an déirceach, moladh an ceannaí,
    Acht molaim-sé féin mar tá an tincéar,
      Sí a bheatha, 's ní bréag, an bheatha bheannuithe.
    Lá ma bhím faoi imní síos
      Bhím la arís 's mé glaoch na gcannaí,
    Lá le fion 's arís gan braon,
      Is ag an tincéar tá an bheatha bheannuithe.

(*Tig tincéar giobalach isteach, agus a mhála ar a dhroim, bata mór draighin ina láimh, agus róistin nó dó crochta ar a ghualainn.*)
    TINCÉAR. Mo choinsias, seo áit áluinn le suí síos agus ní rachaidh mé thairrstí. Sínfidh mé ann so ar an gcaonach. (*Ag gabhail.*)

    Síor insan log
    Tá an caonach breá bog
      Tá an féar go bog thar na bánta
    Agus leigfinn mo scíth
    Le seachtain no mí
      Dá mbéinn-se i bhfochair mo ghrá gheal.

Mo choinsias! Tá ocras orm – tá, agus tart. Ní misde dham greim agus bolgum. (*Baineann sé an mála d'á dhruim. Tógann sé amach as, píosa bagúin, ceapaire mine, agus buidéal dí. Itheann sé, agus slogann sé deoch.*)
    AN tSIDHEÓG. Sin fear saolta eile. Féach an t-áthas atá air, agus gan agam-sa acht uair a chlog de bheatha.
    TINCÉAR (*ag gabhail*).

    Do bhí me lá breá gréine
      Dul trasna an bóthar buí
    Maidin chiúin san tsamhradh
      Mar a raibh an drúcht 'na luí.
    Cia buaileach orm acht plannda
      B'aille a's budh dheise gnaoi,
    Se mo leun, mo bhrón, mo mhilleadh agus m'amhgar
      'Sí an bhean do chráidh mo chroí.

    SIDHEÓG. Tá a chroí go h-éadtrom aige! B'éidir go mbeith trua aige dham. Ní'l uair de bheatha go h-iomlan agam fós. Caithfidh mé a fheuchaint. (*Téann sí anonn chuige agus seasann sí ar a chúl. Iompaíonn sé a cheann agus chíonn sé í.*)

An Tincéar agus an tSidheóg / The Tinker and the Sheeog

have not. Have I one hour? At the end of a half hour, I will have but another half hour left. Then a quarter of an hour, ten minutes, one minute only, and then ... What is that?
(*a voice outside*)

> Let everyone praise his way of living
> Let the beggar praise [his], the tradesman praise [his],
> But I myself praise the way of a tinker,
> That is the fine life, no lie, the blessed life.
>
> If I am for a day under anxiety
> The next day I am calling out the cans [rounds of drink]
> A day with wine and again without a drop
> 'Tis the tinker has the happy life.

(*A ragged tinker comes in, his bag on his back; a blackthorn stick in his hand, a couple of grid-irons slung to his shoulder.*)

TINKER. My conscience, this is a nice place to sit down and I won't go beyond it. I will stretch myself on the moss. (*Songs.*)

> Down in the hollow
> The moss is fine and soft
> The grass is soft in the fields
> But I could rest myself
> A week or a month
> If I was beside my bright love.

My conscience, there is thirst on me, there is, and hunger. A bit and a sup would not come amiss. (*He takes his bag from his back, takes out a bit of bacon, an oatmeal cake and a bottle of drink. He eats and swallows some drink.*)

SHEEOG. There is another living man. Look at the gladness that's on him, and with but an hour of life by the clock.

TINKER (*Sings*). I was a fine sunny day
> Going down the yellow road
> A quiet morning of summer
> As the dew was lying there
> Who met with me but the flower
> With the beautiful nice face
> She's my grief, my woe, my destruction and my
>   distress
> She's the woman destroyed my heart.

SHEEOG. His heart is light with him! Maybe he would have pity for me. I have not a full hour of life left now. I must try him. (*She goes out and sits behind him. He turns his head and sees her.*)

TINCÉAR. O h-o! A shean-chailleach. Do mo sgannrú do bhí tú! Ní sgannroidh tú mé chomh forus sin.

SIDHEÓG. Ní dod' sgannru, acht, ag iarraidh athchuinge ort, do tháinig mé.

TINCÉAR. Ní'l dada agam le tabhairt duit acht cuid de'n cheapaire seo – acht roinnfidh mé sin leat.

SIDHEÓG. Ní ag iarraidh bia ort atá mé.

TINCÉAR. Cad eile?

SIDHEÓG. Ní fhéadaim a rá leat.

TINCÉAR. Rud ar bith ata agam bhéarfaidh mé dhuit é.

SIDHEÓG. (*go tapa*). An ngeallann tú sin dam?

TINCÉAR. Geallaim, óir ní'l pighin im'phóca, agus ní'l dada agam d'fhéadfa iarraidh orm acht an bia agus an deoch – agus ní mhaim ort iad sin.

SIDHEÓG (*ag lasadh suas*). An ngeallann tú dá rire?

TINCÉAR. Nár dúirt mé leat go ngeallaim?

SIDHEÓG. Tá náire orm a rá leat cad tá mé 'iarraidh.

TINCÉAR. Abair leat a Mháistreas. Amach leis!

SIDHEÓG. Acht geallann tú go dtiubhraidh tú dham é!

TINCÉAR. Ara! m'anam a Dhia, ná cuir fearg orm. Ná'r gheall me cheana?

SIDHEÓG. Déarfaidh mé leat mar sin é. Tá mé ag iarraidh póige ort.

TINCÉAR. Póg! uaim-se! Ub, ub, ú! Cailleach mar thusa, sean-chailleach, féin! Sean-cealleach atá chomh chrua le barra iarainn, a bhfuil a súile ag seilt sráma, a bhfuil a srón chomh géar le snáithe, agus a croicionn mar phráta do chaithfeadh an t-earrach amuigh ar an iomaire – ag iarraidh póige ar óg-fear áluinn mar mise!!

SIDHEÓG. Do gheall tú go dtiubhrá dham aon rud do bhí agad. Ó! na diúltaigh mé!

TINCÉAR. An rud go gheall me deunfaidh mé é. Ní dhéarfaidh aon duine gur bhris mé m'fhocal ariamh. Gab 'leith ann so.

SIDHEÓG (*ag crathadh*). As mo bhéal.

TINCÉAR. Och! (*Pógann sé i. Tuiteann an sean-chroicionn dí. Caitheann sí an cloca d'a gualainn agus eiríonn sise in a maighdin óig áluinn iontaí.*)

TINCÉAR (*ag gearradh luirg na croise air féin*). Ub, ub, ú! Ó! Tá mé marbh!

SIDHEÓG. Is sidheóg mise, agus acht go dtug tú an phóg sin dam

An Tincéar agus an tSidheóg / The Tinker and the Sheeog

TINKER. Oho! old hag. Is it giving me a start you are! You should not give me a start like that. Trying to frighten me you were! You will not frighten me as easily as that! You took a start out of me!

SHEEOG. It wasn't to give you a start, but to ask a request of you I came.

TINKER. I haven't a thing to give you, but a share of this cake, but I will divide with you.

SHEEOG. It is not asking food of you I am.

TINKER. What else?

SHEEOG. I am not able to tell you.

TINKER. Anything I have I will give it to you.

SHEEOG (quickly). Will you promise me that?

TINKER. I promise it, for there is not a penny in my pocket, I have nothing you can ask of me, but food and drink, and I wouldn't begrudge you that.

SHEEOG (*lighting up*). Do you promise me seriously?

TINKER. Am I not telling you I promise?

SHEEOG. There is shame on me to say what I am asking.

TINKER. Say it out ma'am. Out with it!

SHEEOG. But you promise you will give it to me!

TINKER. My soul to God, don't put anger on me. Didn't I promise you before?

SHEEOG. I will tell you what it is so. I am asking a kiss from you.

TINKER. A kiss! from me? Ub, ub, ú! a hag like you, an old hag indeed! An old hag that is hard as a bar of iron, that has bleary watery eyes and that has a nose as sharp as a needle and a skin like a potato you'd throw out on the ridge in spring—to be asking a beautiful fine young man like myself!

SHEEOG. You promised you would give me anything you had. Oh! don't refuse me.

TINKER (*turning and looking slowly around him, and talking to himself*). O maiscadh the day is fine! The thrush is singing; the sky is blue; there is a grand scent on the apple-tree, the grass is soft and green, the lambs are bleating, every creature is full of gladness and (*turning suddenly to the Sheeog*) my soul from the devil, come over here. No one will say that I broke my word.

SHEEOG (*trembling*). On my mouth.

TINKER. Och! (*He kisses her. Her old skin falls off. She lets her cloak fall from her shoulders and comes out a beautiful wonderful young girl.*)

TINKER (*making the sign of the cross on himself*). Glory be to God! Oh! I am dead!

SHEEOG. I am a sheeog, and but for you giving me that kiss I

do bhéinn marbh roimh luí na gréine. Anois atá mé óg, áluinn, mar bhí mé riamh.

TINCÉAR (*de leath-taoibh*). Sidheóg! O go bhgfóire Dia orrainn, (*ag iompú*) agus céad fáilte, a bhean uasal. Is spéir-bhean as an mbruighin thú. (*De leath-taoibh*). O! Tá mé ag crith agus ag crathadh!

SIDHEÓG. Tá croí ceart cóir cineálta agad-sa. Níl tusa mar na daoine saolta eile. Thug tú póg dam gan fhios mo chúise agad. Dá n-innseoiann duit cad fáth do bhí mé ag iarraidh na póige sin, ní bheith aon bhrí innti. Tuilleann tú cúitiú.

TINCÉAR (*de leath-taoibh*). Marbhóidh sí mé má chuirim fearg uirri. Cad é an chaoi is fearr le na sású? (*Ag iompú*.) Nach leor an cúitiú dham do bheith ag féachaint ort-sa, a bhean uasal. Nach áluinn thú?

SIDHEÓG. Acht is bocht an cúitiú é sin. Thug tú póg dam agus mé gránna. Ar mhaith leat póg do thabhairt dam anois, agus mé áluinn arís?

TINCÉAR. (*agus é sgannraithe*). Póg a thabhairt duit! Tá an onóir ró-mhór ar fad.

SIDHEÓG. Dá dtugfainn mé féin duit mar bhean phósta an ndéarfá go mbudh mhaith an cúitiú é?

TINCÉAR (*fá sgannradh dúbalta*). Bean-phósta! Bean uasal mar thusa! Is ag magadh fúm atá tú. (*De leath-taoibh.*) B'éidir go mbuailfeadh sí mé le slait draiochta agus gur muc nó madadh do déanfadh sí dhiom!

SIDHEÓG. Ní ag magadh fút atá mé.

TINCÉAR (*de leath-taoibh*). Cad é an chaoi is fearr le congbháil cainte leis na daoine maithe. Chuala mé riamh nach ngortuíonn siad bárd ná file. Ó's sórt file mé freagóraidh mé í ag filíocht chomh maith a's thig liom. (*Ag iompú*). Cad deir tú a bhean uasal?

SIDHEÓG. Má phósaim thú, cad déarfas tú?

TINCÉAR.
    Molfaidh mé naoi n'uaire
      An uair-se 'gus an lá,
    Agus molfaidh mé thú, a stuaire,
      Agus fuair tú uaim mo ghrá.
    Agus molfaidh mé an ghrian
      Tá dul siar in san spéir
    Agus molfaidh mé na h-éanlaith
      Tá go seunmhar ar ghéag.
    Agus molfaidh mé an smolach
      Tá go ceolmhar in san spéir,
    Agus molfaidh mé an móimid
      In ar phóg mé do bhéal.

would be dead at the setting of the sun. Now I am young, as beautiful as ever I was.

TINKER (*aside*). A sheeog! God save us! (*Turning.*) And a hundred welcomes noble lady. It's a sky woman out of the forth you are. (*Aside.*) O! I am shaking and trembling.

SHEEOG. It is a right straight heart you have. You are not like the other people of the earth. You gave me a kiss little knowing my case. If I had told you the reason I was asking that kiss of you, there would have been no virtue in it. You have earned a reward.

TINKER (*aside*). She might kill me if I put anger on her. What way is best to satisfy her? (*Turning.*) Is it not reward enough I to be looking at you, *béan uasal* [noble lady]. Are you not beautiful?

SHEEOG. But it's a poor reward that is. You gave me a kiss, and I ugly. Have you a mind to give me a kiss now, and I handsome again?

TINKER (*and he in dread*). To give you a kiss! That is too great an honour altogether.

SHEEOG. If I were to give you myself for a wife, would say say that was a good reward?

TINKER (*twice as much in dread*). A wife! A lady like yourself! It's making fun of me you are. (*Aside.*) Maybe she'll strike me with her hazel rod, and make a dog or pig of me!

SHEEOG. It is not making fun I am.

TINKER (*aside*). What is the best way to keep talk with the good people? I always heard they never harmed a poet or a bard. I'm a sort of a poet and I'll answer her in poetry. (*Turning.*) What do you say *bean uasal*?

SHEEOG. If I marry you, what will you do?

TINKER. I would praise nine times
   The hour and the day
And I would praise you my treasure
And you would get my love.
And I would praise the sun
That is going west in the sky
And I would praise the birds
That are happy on the branch,
And I would praise the thrush
That is singing in the sky
And I would praise the moment
When I kissed you on the mouth.

SHEEOG. If you bring me home with you what sort is your house?

TINKER (*aside*). A couple of sacks, and they raised on a couple of old sticks; devil a house have I but that. But I will put a clothing of poetry on it. (*Turning.*)

SIDHEÓG. Má thugann tú a-bhaile leat mé, cá bhfuil do teach?

TINCÉAR (*de leath-taoibh*). Cúpla sac agus iad árduithe ar chúpla sean-bhata; dheamhan de theach agam acht sin! Acht cuirfidh mé culaidh filíochta air (*ag iompú*).

    Atá mo chaisléan
     Ag bun an chroinn,
    'S duilleóga mar chúmhdach
     Os cionn mo chinn
    Ní bhím a-choiche
     Gan lucht breá ceóil,
    Is annamh bím
     Gan neart le n'ól.
    Sin é mo phálás
     An bile sin,
    Súd í mo chláirseach
     An céirseach binn.

SIDHEÓG.
    Ní'l pálás eile
     San domhan níos fearr
    'Ná do chroinn a's do bhile
     'S an ceól na bhárr.
    'S cá bhfuil do bhord
     Fá 'na éadach bán?
    Cá bhfuil do chathaoir,
     Ca bhfuil do chlár?

TINCÉAR (*de leath-taoibh agus iontas air*). Tá filíocht aici féin. Is breá go léir an bhean í.

    Feuc an chloch sin,
     Is cathaoir í,
    Fá cuisin de chaonach
     Go breá bog buí
    Nuair suím, síos
     Ar shean-chloich liath,
    'Sé an féar an bord
     Ar a gcaithim bia.

SIDHEÓG. Tá an bord 's an chathaoir
     Ar mo mhian.
    Bhfuil aon lucht freasdal
     Mar tá san mbruighin?

TINCÉAR (*ag tógail suas a chuig mhéar*).
    Feuch cúig giolla
     A leanas mé,
    Ní ghlaoim orra
     Nach mbídh reidh.

An Tincéar agus an tSidheóg / The Tinker and the Sheeog

>My castle is,
>At the foot of the tree
>And leaves as a covering,
>Over my head.
>
>I am never
>Without plenty of fine musicians
>And I am never
>Without plenty of drink.
>
>That is my palace,
>That forest tree
>That is my harp,
>The sweet woodlark.

SHEEOG. There is no palace,
>Is better in the world
>Than your tree and your clump,
>And the music on their roof.
>And what is your table
>Under its fair cloth
>What is your seat,
>What is your board?

TINKER (*aside and wonder on him*). She's a poet herself. It's a fine woman she is altogether.

>Look at that stone,
>It is a chair
>Under a cushion of moss,
>Fine and soft and yellow
>
>When I sit down
>On the old grey stone
>The grass is the table,
>On which I eat my food.

SHEEOG. The chair and the table
>Are to my mind
>Have you any serving people
>As them are in the forth?

TINKER (*holding up his five fingers*).
>Five good lads
>To follow me
>I never call on them
>But they are ready.

(*putting up his other hand.*)

(*ag cur suas na dara láimhe*)
     So cúigear eile
      Nár sgar liom riamh.
     Acht bídh i gcónaí
      Le mo thaoibh.
SIDHEÓG. Cá bhfuil an solas
      Os cionn do chláir?
     Coinnleóirí ordha
      A's lampa breá?
TINCÉAR (*de leath-taoibh*). Tá an eagla ag imeacht díom.
     Nuair thugaim féasta
      No fleidh, mar chách,
     Tagann an ghealach
      Mar lampa 'mach.
     Acht tá na mílte
      De choinnle breá
     Na realtíní
      Os cionn mo chláir.
SIDHEÓG. Cá bhfuil do chapaill
      A's iad i gcóir
     Fá shrian airgid
      A's dialaid óir?
TINCÉAR (*ag síneadh a choise amach*).
     Sin é mo chapall
      Breá, láidir, teann,
     Sin é an capall
      Bhfuil éifeacht ann!
(*ag síneadh amach na coise eile*).
     So capall eile
      Ta lúthmhar luath,
     Ní forus a shárú
      Atá sé crua.
SIDHEÓG. Cá bhfuil an seomra
      Ar chúl an tí
     In a bhfuil do leaba
      Le dul do luí ?
TINCÉAR (*de leath taoibh*). Nach carthanach í ?
     Tá seomra agam
      Amuigh fá 'n spéir
     Nach bhfuil a leithéid
      'San domhan go léir.
     Is é a leaba
      Tá in mo rúm
     Duilleóga tharm
      A's caonach fúm.

An Tincéar agus an tSidheóg / The Tinker and the Sheeog

| | Here are five others
             Never far from me
             But they are always
             At my side.
SHEEOG.   What is the light
             Is above your table
             Golden candles
             And a fine lamp?
TINKER (*aside*). The dread is going from me.
             When I give a feast
             Or a banquet as anyone would
             The moon comes out
             As a lamp.
             But there are thousands
             Of fine candles
             The little stars
             Above my table.
SHEEOG.   What is the room
             At the back of the house
             Where your bed is set
             When you go to sleep?
TINKER (*aside*). Isn't she friendly?
             I have a chamber
             Out under the sky
             There is not its like
             In the whole world.
             As to the bed
             That is in my room
             Dry leaves
             And moss around me.
SHEEOG.   What are your horses,
             Are they harnessed right
             Under bits of silver
             And saddles of gold?
TINKER (*stretching out one foot*).
             That is my horse,
             Fine, strong and bold
             That is the horse
             There is going in him!
(*Stretching out the other foot.*)
             Here is the other horse,
             Is quick and active
             No journey will tire him,
             He is that hard.

SIDHEÓG.   Gabh 'leith anois
            A ógánaigh óig,
            Atá mé sásta
            As glac do phóg.
TINCÉAR (*de leath taoibh*). Maise! Glacfad. (*Cuireann an tincéar a ritheacha na timchioll agus pógann sé í ar a béal*).
SIDHEÓG. Muna mbeith thusa do bhéinn marbh anois!
TINCÉAR. O! Nach raibh an t'ádh orm do shábháil! Agus do shábháil dam féin! Ní fhéadaim a chreidiúint go rachamaoid thríd an saol anois le chéile.
SIDHEÓG. Rachamaoid.
TINCÉAR. Agus ní fágfaidh tú mé!
SIDHEÓG. Cad fáth a bhfágfainn.
TINCÉAR. Leig dam póg eile do ghoid uait. (*Pógann sé í.*) Ó rugadh a chéad duine ar an domhan ni raibh fear eile ann chomh solásach liom-sa.
SIDHEÓG. Tuilleann tú é. Shábháil tusa mise.
TINCÉAR. Agus béimid i gcónaí le chéile. O tá mo chroí ag pléasgadh i lár mo chléibh le teann-lúthgháire. O nach orm-sa tá an sonas. (*Cluintear ceól éadtrom. Léimeann an t-sidheóg.*)
TINCÉAR. Cad é sin do bhain geit asat?
SIDHEÓG. Éist. (*Tuilleadh ceóil san spéir.*)
TINCÉAR (*ag feuchaint 'na thimchioll*). Ní fheicim pioc.
SIDHEÓG. Éist! (*Tuilleadh ceóil, níos áirde.*)
TINCÉAR. Sin ceól. Nach trathúil tháinig an ceóltóir. Seinnfidh sé ag ar mbainis anocht.
(*Léimeann an t-sidheóg uaidh.*)
SIDHEÓG. O! O!
TINCÉAR. Cad tá ort?
SIDHEÓG. O nach bhfuil fhios agad gur ceól sidhe é sin?
TINCÉAR (*agus é sgannruithe*). Ceól sidhe!
SIDHEÓG. Sin iad mo dheirbhiúraca ag glaoch orm. Nach gcluinn tu iad? 'Tarr ar ais, tarr ar ais,' tá siad' rá.
TINCÉAR. Ná sgannruigh mé. Suí síos liom arís.
       (*Abhrán agus ceól.*)
    Tarr ar ais go tír na sidhe
       In san mbruighin tá aoibhneas mór,
    Tarr ar ais, a ghrá ar gcroí,
       Bí gan imní, bí gan brón.
    Bodach saolta mar é seo
       O ní céile cóir dhuit é,
    Tarr ar ais go tír na mbeó,
       Tír no sógh, a's tír na seun.

An Tincéar agus an tSidheóg / The Tinker and the Sheeog

SHEEOG.   Leave off now
            O young man
            I am satisfied
            To give you a kiss.

TINKER (*aside*). Maiseadh! I will take it! (*He puts his arm round her and kisses her on the mouth.*)

SHEEOG. If it wasn't for you, I would be dead now.

TINKER. Oh! Wasn't there luck on me to save you! And I saved myself too! I cannot believe that we will go through the world now together!

SHEEOG. We will go.

TINKER. And you will not leave me.

SHEEOG. For what would I leave you.

TINKER. Let me steal another kiss from you. (*He kisses her.*) Since the first man was born in the world, there never was another man so lucky as myself.

SHEEOG. You have it well earned. You saved me.

TINKER. And we will be living together. O my heart is bursting in the middle of my body with the strength of joy. O isn't it in me the luck is! (*They hear light music. The sheeog leaps up.*) What is it knocks a start out of you?

SHEEOG. Listen! (*More music from above.*)

TINKER (*looking about him*). I don't see anything.

SHEEOG. Listen! (*More music higher still.*)

TINKER. That is music. Is it not timely for the musician to be coming. He will play at the wedding tonight. (*The sheeog leaps away from him.*)

SHEEOG. Oh! Oh!

TINKER. What is on you?

SHEEOG. Oh don't you know that is music of the Sidhe?

TINKER (*astonished*). Music of the Sidhe!

SHEEOG. There are my sisters calling me. Don't you hear them? "Come back again, come back again" they are saying.

TINKER. Don't leave me. Sit down again.

(*Song and music.*)
Come back to the land of the Sidhe
In the forth there is quiet delight
Come back, o love of our heart
Be without anxiety, without troubles
An earthly clown like that
Would not be a right mate for you
Come back to the country of the living
The land of happiness, the land of gladness.

SIDHEÓG. An g cluinn tú sin? A dhuine chóir do sábháil tú mé – acht an g-cluinn tú sin?

TINCÉAR. O ná sgannruigh mé. Cluinim ceól. Leig dó, cad é an bhrí ann?

(*Ceól agus abhrán arís.*)
Cuimhnigh, cuimhnigh ar an éan
   Tá linn féin, ar bhárr na gcrann,
Tá ag seinm gach aon uair
   Lán de shuairceas, lán de ghreann.
Tarr a rúin, ar ais, arís,
   Bí gan aois a's bí gan crá,
Fág an fear sin, gabh linn féin,
Bi faoi sheun, arís go bráth.

SIDHEÓG. An gcluinn tú sin? Dúirt mé nach rachainn ameasg mo mhuinntire féin arís a-choiche. Dúirt mé nach gcuirfinn mo chos tar tairseach no bruighne go deo. Acht ní'l fhios agam. Ní'l fhios agam! Tá an croí ag léimnigh ionnam. Tá mé mar an t-éan nuair síneann sé amach a dhá sgiathán ar bhárr na craoibhe, gan fhios aige an imeóidh sé no an suífidh sé arís.

TINCÉAR. A! Fan liom-sa anois. Chuir tú grá in mo chroí. Shábháil mé thú. Ná fág, O ná fág me.

(*Ceól agus abhrán arís.*)
Fág an fear sin, fág a stóir!
   O ní cóir an céile é.
Tarr ar ais go tír an óir
   Éist le glór do cháirde féin.
Tá an saol fliuch a's fuar
   H-uile uair faoi smúid a's ceó,
Ní'l aon ní ann maith ná deas
   Tarr ar ais go tír na mbeó.

SIDHEÓG. Caithfidh mé d'fágáil.

TINCÉAR. O dá bhfanfa liom-sa ní fheicfeá la bocht a-choiche. Ní'l teach san tír seo nach mbíonn obair agam le fáil ann.

SIDHEÓG. A dhuine bhoicht.

TINCÉAR. Ní'l eolas agad orm fós, acht ní'l mo leithéid le fáil ag cur tóna i g-canna no ag leasú soithigh do bheith ag leigean tríd. Tá rí na d-tincéar agad ionnam-sa.

SIDHEÓG. Creidim thú.

TINCÉAR. Agus is iomdha lá a mbíonn cróin agam as m'obair laé. Is olc an lá nach mbíonn leath-chróin agam.

SIDEÓG. Leath-chróin.

TINCÉAR. Agus is ort-sa caithfidh mé gach uile phighin de. Beid tú do bhean-uasal. Ní dhéanfaidh tu turn oibre comh fad 's mhairfeas tú.

An Tincéar agus an tSidheóg / The Tinker and the Sheeog

SHEEOG. Do you hear that? O decent man, you saved me—but do you hear that?

TINKER. Oh don't leave me. I hear music. Leave it, what power has it got?

> (*Song and music again.*)
> Bring to mind, bring to mind the birds
> That are our own, at the top of the tree
> That are singing all the time
> Full of gladness, full of mirth
> Come aroon, come back again.
> Be without old age and be without misery,
> Leave that man, come with ourselves,
> Be under joy now and forever.

SHEEOG. Do you hear that? I said I would never go back among my own people for ever. I said I would never put my foot over the threshold of the forth again. But I don't know. I don't know! My heart is softening in me. I am like the bird when it spreads out its two wings on the top of the nest, without knowing if it will go away or sit down again.

TINKER. Oh, stop with me now. You have put love in my heart. I saved you. Do not leave me. Do not leave me.

> (*Music and a song again.*)
> Leave that man there, leave him ashore!
> O he is not a right comrade for you
> Come back to the golden country
> Listen to the voice of your own friends
> The world is damp and cold
> At ever time under mist or fog
> There is nothing there is nice or pretty
> Come back to the land of the living.

SHEEOG. I must leave you.

TINKER. Oh if you will stop with me you will never see a poor day for ever. There will be no house in this country where I won't be able to get work.

SHEEOG. Oh poor man.

TINKER. You have no knowledge of me yet, but there is not my like to be found to put soldering in cans, or to mend vessels that do be leaking, for it is the King of the Tinkers you have got in me.

SHEEOG. I believe you.

TINKER. And it's many a time I have a crown for my day's work. It's a bad day that I don't make half a crown.

SHEEOG. A half a crown.

TINKER. And it's on you I will spend every penny of it. You will be a lady. You shall not do a turn of work so long as you live.

(*Cluintear tuilleadh ceóil agus abhrán.*)
Fág an fear sin, fág a stóir,
O ní cóir an chéile é.
Tarr ar ais go tír an óir
Éist le glór do cháirde féin.

SIDHEÓG. Caithfidh mé imeacht.

TINCÉAR. O ná fág mé (*téann sé ar a ghlúin.*) Ar mo dhá ghlúin guím thú ná fág mé.

SIDHEÓG. Tá mo dheirbhiúracha ag glaoc orm. Ní fhéadaim a sheasamh. Tá mé buíoch díot-sa, acht ní féidir buíochas aon uaire do chur i gcomórtas le míle bliain de chompánacht. Tá mé ag imeacht. Tá mé buíoch díot acht – Slán leat. (*Imíonn sí as amharc.*)

TINCÉAR (*ag gol go h-árd*) O! O! O! O! Cá bhfuil tú? Bhfuil tú imithe? O tarr ar ais chugam! Cá bhfuil tú? Bhfuil tú ag éisteacht liom? (*Cuireann sé cluas air féin.*) O ní éisteann sí. O tá sí imithe – imithe uaim go bráth. (*Éisteann sé arís.*) O mo leun! Mo leun! Mo leun! Bhí mé aerach éadtrom ar maidin indiu. Bhí me beodha, bríomhar, ar dteacht asteach san gcoill seo dham. Cúig móimid ó shoin agus ní raibh duine ar an domhan chomh h-aoibhinn liom-sa. Agus anois feuch mé! Ní'l romham anois acht do bheith ag siúl, agus ag síor-siul an domhain, go bh'fágh mé amharc eile ar an mnaoi atá tar eis mo chrá. Da bhfághainn sin do gheobhainn bás agus do bhéinn sásta. O nach oidhre mé do Choinchulainn fad ó, nuair chaill sé a mhac agus dúirt:

Is mé an t-úll ar bhárr an chroinn,
Is beag do shaoil a thuitim!

Ar seisean – Ní raibh, ann, acht brionglóid. Is brionglóid aon leath-uaire an chloig: d'fhágh mo chroí goidte ar lár mo chléibh.

Is mé an t-úll ar bhárr an chróinn,
Is beag do shaoil a thuitim.

(*Teilgeann sé é fein ar an talamh ag únfairt ó thaoibh go taoibh, agus ag cur ochón as. Tógann sé a cheann – caitheann sé a shúil ar a bhuidéal tá ar an bhfear agus tógann sé é – baineann sé sglug as.*)

D'fhág sí mé mar d'fágfadh sí madadh! (*Baineann sé sglug eile as.*) An toice, an striopach! (*Baineann sé an triomhadh sglug as.*) Agus cá'uil mo sporán óir! Níos mhor dham sporán nach mbeith folamh choiche uaithi, no piosa óir le na sláinte d'ól ar chuma ar bith! Agus shábháil mé í ó'n mbás adúirt sí. Shíl mé gur ríocht na h-Éireann do bhí sí dul a thabhairt dam nuair phóg sí mé. An bréagadóir! A leanúint tríd an saol! Diabhal baol orm! Máise, crochadh árd, lá

An Tincéar agus an tSidheóg / The Tinker and the Sheeog

(*Sound of more music and song.*)
Leave that man there, leave him astore
O he is not a right comrade for you
Come back to the golden country
Listen to the voice of your own friends.

SHEEOG. I must go.

TINKER. Oh don't leave me! (*He falls on his knees.*) On my two knees I pray you not to leave me.

SHEEOG. My sisters are calling me. I am not able to stay. I am thankful to you, but I cannot put the thankfulness of one hour beside a thousand years of company. I am going. I am thankful to you but ... Farewell. (*She goes out of his sight.*)

TINKER (*crying aloud*). Oh! Oh! Oh! Oh! Where are you? Are you gone away? Oh come back to me—where are you? Are you listening to me? (*He listens.*) Oh, she does not hear me. Oh she is gone, gone from me for ever. (*He gets up.*) Oh my grief! My grief! My grief! I was light and airy on the morning of today —I was lively, active, coming into this wood. Five minutes ago there was no person in the world so happy as myself—And now look at me! Nothing before me but to be walking and ever walking the whole world till I get sight again of that woman that is after destroying me. If I do that I will die and be satisfied. O am I not heir to Cuchulain long ago when he said

> I am the apple on the top of the tree.
> It is little I thought of falling.

It was nothing but a dream was in it. It was a dream of one half an hour of the clock; it left my heart wounded in the middle of my breast.

> I am the apple at the top of the tree
> It is little I thought of falling.

(*He lies down and rolls on the ground from side to side, giving out "ohones"! He lifts his head—his eyes fall on his bottle that is in the grass and he takes it up. He takes a sup of it.*)

She left me like she would leave a dog! (*He takes another sup.*) The slut! The good for nothing! (*He takes a third sup.*) And where is my purse of gold. I ought to have had a purse that never was empty. She might have given me that itself or a piece of gold to drink her health at all events. I thought she was going to give me the kingdom of Ireland when she kissed me—the deceiver! To follow her through the world! The devil a danger on me!

gaoithe uirri! Imeacht an eascon uirri – gan filleadh choiche. Agus a méad filíochta breá do rinneas dí! Dá mbeith sé uile sgríobhta i leabhar, bheith m'fortún déanta agam! Marbh-fáisg uirri! Nár feicead aon d'á sórt arís a choiche! Má chastar aon t-sidheóg eile orm agus bainfidh mé na cluasa díobh. Is mithid dam bheith 'g imeacht (*ag feachaint 'na thimchioll*). Ní raibh ann go léir acht brionglóid, lá samhraidh. Ochón! (*Imíonn sé.*)

Maiseadh! A high hanging on a windy day to her! The going of the eel on her, never to return! And all the fine poetry I made for her! If it was all written in a book my fortune would be made in a minute. The bandage of the dead about her head! May I never see one of her sort again for ever! If I ever meet with a sheeog again I will cut the ears off her! It's best for me to be going (*looking around him.*) It was nothing at all but a dream of a summer day—Ohone! (*He goes away.*)

AN PÓSADH
THE MARRIAGE

AN PÓSADH

NA DAOINE

MÁRTAIN
MÁIRE, *a bhean*

BHEIDHLEADÓIR DALL
SEÁN STIOCAIRE

Cómharsanna, buachaillí beaga, etc.

ÁIT

Cistean tí bhig. Bord cam, droch-ghléasta; cúpla copán, cruiscín bainne, cáca aráin. MÁRTAIN *AGUS* MÁIRE *'n-a suí ag an mbord.*

MÁRTAIN. Is olc an féasta bainnse é seo dhuit, a Mháire, agus is bocht an teachín d'á dtug mé thú.

MÁIRE. Ní bhéith ins an tsaol mór lánúin do bhéith chomh haoibhinn linn-ne, a Mhártain, acht an t-aon rud amháin, go gcaithfimid scarúint le chéile arís chomh luath sin. Acht ní'l éan-mhaith bheith ag clamhsán; ní'l éan-neart againn air.

MÁRTAIN. Dá mbéidh cúpla púnt agam-sa, cheannóinn asailín beag, agus shaothróinn scuibín beag airgid ag tarraing móna isteach chum an bhaile mhóir. Acht, mo léan géar! ní'l an dá phúnt sin le fáil agam, ná deich scilling féin.

MÁIRE. Agus dá mbeith scata beag cearc agam-sa, 's beagán le tabhairt dóibh, d'fhéadfainn na huibeacha dhíol 's ál sicíní thógáil. Acht ní'l siad le fáil agam, na cosúlacht ortha, gan míorúil éigin anuas ó Dhia. Cá bhfuighinn iad?

(*Tiormaíonn sí a da súil le e n-a práiscín.*)

MÁRTAIN. Ná bí ag gol, a Mháire a stóir; nach liom-sa thu anois? Chomh fhad agus bhéas tusa agam, is fear saibhir mé. Béidh fios agam-sa i gcónaí gur orm-sa bhéas tusa ag cuimhniú feasta, agus nach breá an saibhreas dam é sin?

MÁIRE. Fíor dhuit, a Mhártain. Ní fhéadaim bheith bocht 's fhios agam-sa go bhfuil tú féin ag cuimhniú orm-sa cibé áit a bhéas thu. Ní chuirfinn éan-tsaibhreas eile dá bhfuil 'san domhan i gcómortas leis sin. Bhíodh rann ag m'athair – go ndéana Dia trócaire air! – 's bhíodh sé 'ghá rá go minic

'Maoin agus stór,   Airgead a's ór,
Ní'l ionnta acht céo   imeasc daoine'

An Pósadh / The Marriage

THE MARRIAGE

MARTIN, *a young man.*
MARY. *His newly married wife.*
A BLIND FIDDLER.
NEIGHBOURS.

SCENE.—*A cottage kitchen. A table poorly set out, with two cups, a jug of milk, and a cake of bread.* MARTIN *and* MARY *sitting down to it.*

MARTIN. This is a poor wedding dinner I have for you, Mary; and a poor house I brought you to. I wish it was seven thousand times better for your sake.

MARY. Only we have to part again, there wouldn't be in the world a pair happier than myself and yourself; but where's the good of fretting when there's no help for it?

MARTIN. If I had but a couple of pounds, I could buy a little ass and earn a share of money bringing turf to the big town; or I could job at the fairs. But, my grief, we haven't it, or ten shillings.

MARY. And if I could get but a few hens, and what would feed them, I could be selling the eggs or rearing chickens. But unless God would work a miracle for us, there's no chance of that itself. (*She wipes her eyes with her apron.*)

MARTIN. Don't be crying, Mary. You belong to me now; am I not rich so long as you belong to me? Whatever place I will go to I will know you are thinking of me.

MARY. That is a true word you say, Martin; I will never be poor so long as I know you to be thinking of me. No riches at all would be so good as that. There's a line my poor father used to be saying:—

"Cattle and gold, store and goods,
They pass away like the high floods."

Ba é Raifterí, an bheidhleadóir dall do rinne sin. Ní fhaca mise ariamh é; acht bhíodh m'athair ag cur síos air go minic.

MÁRTAIN. Is cuma liom créad dúirt sé. Dúirt sé a chontralta sin ar fad, am eile

'Is maith an rud bólacht,   Féar maith 's gabhaltas,
Cruithneacht a's eorna   le gearradh;
Min ins an gcófra,   'Gus teine, tráthnóna,
Agus dídean d'fhear bóthair   a's bealaigh'

Acht táimid ar sin!

MÁIRE. Ó maise! Raifterí an créatúir! Do bhéarfadh sé sin dúinn 's tuilleadh, dá mbeith sé aige; bhí se go maith do na daoine bochta i gcónaí. Acht chuala mé na daoine ag rá go raibh sé sínte 's é tinn breóite ag Cill-Fhinghín no áit éigin thíos annsin. Dúirt siad nach raibh sé i bhfad ó'n mbás – go ndéana Dia trócaire air!

MÁRTAIN. Maise, amen! 'Nois, a Mháire, ith an chéad ghreim in do theach féin. Tá na huibheacha bruite agus tógfaidh mise de'n teine iad.

(*Téann se chum na teine. Buailtear an doras 's cuireann Sean-Bheidhleadóir gioblach a cheann isteach thar an leath-dhoras.*)

BHEIDHLEDÓIR. Go mbeannaí Dia annso!

MÁIRE (*ag seasamh suas*). Óra, an duine bocht! Tabhair isteach é.

MÁRTAIN. Bíodh ciall agat, a Mháire; ní'l dada againn le tabhairt dó. Déanfaidh mé an t-eólas dó go teach na mBraonánach, agus gheobhaidh sé neart annsin.

MÁIRE. Maise, go deimhin agus go dearbhtha ní leigfidh mé thar an doras so é. Is í seo an chéad uair ariamh a bhí teach agam féin, 's ní chuirfidh mé duine ar bith óm' dhorus féin indiu.

MÁRTAIN. Déan mar is maith leat féin, a Mháire.

(*Téann MÁIRE go dtí an dorus agus fosclann sí é.*)

MÁIRE. Gabh isteach, a dhuine chóir, 's suí síos, 's céad fáilte rómhad.

(*Tig an Sean-duine isteach ag laimsiú 'n-a thimcheall mar dhall.*)

MÁIRE. Ó! a Mhártain, tá sé 'n-a dhall – go bhfóire Dia air! Óra, a Mhártain, tá lorg an bháis air. Tá sé chomh bán le duine marbh.

AN SEANDUINE. 'Sea, a chuisle, tá mé mo dhall, agus is tuirseach cráite an dall bocht mé. Tá mé ag imeacht agus ag síor-imeacht ó mhaidin, 's ní bhfuaireas gréim le n'ithe ó d'eirigh mé.

MÁIRE. Ní bhfuair tú greim le n'ithe ó mhaidin! Bhfuil tú do throscadh?

(*Beireann sí ar lámh air. Do leath-taobh:*)

Óra! a Mhártain, nach silfeá gur as an uaigh do tháinig sé, tá a lámha chomh fuar sin.

S.D. Ó! go deimhin bhí neart le fáil agam, dá nglacfainn é; acht an gréim nach dtugtaoí dham ó chroí maith go fialmhar fairrsing, ní bhlasfainn é. Agus sin rud nach fuair mé ó mhaidin, acht na daoine

An Pósadh / The Marriage

It was Raftery, the blind man, said that. I never saw him; but my father used to be talking of him.

MARTIN. I don't care what he said. I wish we had goods and store. He said the exact contrary another time: —

"Brogues in the fashion, a good house,
Are better than the bare sky over us."

MARY. Poor Raftery! he'd give us all that if he had the chance. He was always a good friend to the poor. I heard them saying the other day he was lying in his sickness at some place near Killeenan, and near his death. The Lord have mercy on him!

MARTIN. The Lord have mercy on him, indeed. Come now, Mary, eat the first bit in your own house. I'll take the eggs off the fire.

(*He gets up and goes to the fire. There is a knock at the half-door, and an old ragged, patched fiddler puts in his head.*)

FIDDLER. God save all here!

MARY (*standing up.*) Aurah, the poor man, bring him in.

MARTIN. Let there be sense on you, Mary; we have not anything at all to give him. I will tell him the way to the Brennans' house: there will be plenty to find there.

MARY. Indeed and surely I will not put him from this door. This is the first time I ever had a house of my own; and I will not send anyone at all from my own door this day.

MARTIN. Do as you think well yourself. (MARY *goes to the door and opens it.*) Come in, honest man, and sit down, and a hundred welcomes before you. (*The old man comes in, feeling about him as if blind.*)

MARY. O Martin, he is blind. May God preserve him!

OLD MAN. That is so, acushla; I am in my blindness; and it is a tired, vexed, blind man I am. I am going and ever going since morning, and I never found a bit to eat since I rose.

MARY. You did not find a bit to eat since morning! Are you starving?

OLD MAN. Oh, indeed, there was food to be got if I would take it; but the bit that does not come from a willing heart, there would be no taste on it; and that is what I did not get since morning; but people putting a potato or a bit of bread out of the door to me, as if I was a dog, with the hope I would not stop, but would go away.

ag sáthadh píosa aráin amach an dorus chugam, mar bhéarfaidís do mhada é, le súil nach bhfanfainn, acht go n-iméoinn tharsta.

MÁIRE. Ó! suí síos linn-ne anois, 's ith linn. Tabhair chum an bhuird é, a Mhártain.

(*Bheir* MÁRTAIN *ar láimh an t*SEANDUINE, *'s cuireann sé é 'n-a shuí ag an mbord leo féin. Ghnídh sé dha leith de'n cháca, 's chuireann sé a leath ós comhair an dhaill, 's a ubh féin. Itheann an Sean-duine iad go cíocrach.*)

S.D. Fágaim mo sheacht gcéad míle beannacht ar mhuinntir an tí seo. Beannacht Dé 's Mhuire orra!

MÁIRE. Go raibh maith agad. A Mhártain, sin é an chéad bheannacht do fuair mé in mo tigh féin. B'fhearr liom an bheannacht sin 'ná ór.

S.D. Óró! Nach aoibhinn do na daoine a bhfuil teach aca féin, 's súile aca le féachaint timcheall air.

MÁIRE. Go bhfóire Dia ort, a dhuine chóir. Is dóigh gur bocht an rud bheith gan radharc.

S.D. Ní thuigeann tusa, ná aon duine eile a bhfuil a shúile aige, cad é an rud é bheith dall dorcha mar bhí mise. Ní bhíonn rómhad 's ar do chúl 's in do thimcheall acht an oíche. Tá huile shórt dubh – Ó! dubh, dorcha! Níl chuma ná cruth ar aon rud. Ní fheiceann tú an t-éan a chluinfeas tú ag seinmh os do cheann, ná an bláth a bhfaghann tú a bholadh ar an dtom, ná an ghrian 's í ag cur teas ar d'éadan, ná an leanbh agus é ag gáire i n-ucht a mháthar. An mhaidin 's an tráthnóna, an lá 's an oíche, is aon rud amháin duit iad. Ó! is bocht an rud bheith dall!

(*Cuireann* MÁRTAIN *an leath eile de'n cháca anonn go* MÁIRE *'s an dara ubh, 's ghnídh sé comhartha ag cur i gcéill di bheith 'gá n-ithe. Gnídh sí féin comhartha leis go gcaithfidh seisean iad do roinnt lei féin. Síneann an Fear Dall a lámh amach ar an mbord ag iarraidh tuilleadh aráin, óir tá a chuid féin slugtha aige, 's fagann é gréim ar an leath-cháca eile. Tógann sé é.*)

MÁIRE. Ith sin, a dhuine bhoicht; ar ndó tá ocrus ort; agus seo ubh eile dhuit.

(*Tugann sí an dara ubh dó in a láimh.*)

S.D. Beannacht an Aon Mhic 's a mháthar ar an láimh do thug.

(*Tógann* MÁRTAIN *a dhá láimh suas go mí-shásta, agus tá sé dul rud éigin do rá, nuair baineann* MÁIRE *an focal as a bhéal; leigeann sí gáire fá éadan gruamach* MHÁRTAIN.)

S.D. Maise, mo bheannacht ar an mbéal a dtáinig an gáire sin as, 's mo bheannacht ar an gcroí éadtrom do leig suas chum an bhéil é!

MÁRTAIN. Croí eadtrom, an ea? Ní'l croí eadtrom ag Máire anocht, faraoir!

S.D. 'Sí Máire do bhean.

An Pósadh / The Marriage

MARY. Oh, sit down with us now, and eat with us. Bring him to the table, Martin. (MARTIN *gives his hand to the old man, and gives him a chair, and puts him sitting at the table with themselves. He makes two halves of the cake, and gives a half to the blind man, and one of the eggs. The old man eats eagerly.*)

OLD MAN. I leave my seven hundred thousand blessings on the people of this house. The blessing of God and Mary on them.

MARY. That it may be well with you. O Martin, that is the first blessing I got in my own house. That blessing is better to me than gold.

OLD MAN. Aurah, is it not beautiful for people to have a house of their own, and to have eyes to look about with?

MARTIN. May God preserve you, right man; it is likely it is a poor thing to be without sight.

OLD MAN. You do not understand, nor any person that has his sight, what it is to be blind and dark the way I am. Not to have before you and behind you but the night. Oh, darkness, darkness! No shape or form in anything; not to see the bird you hear singing in the tree over your head; nor the flower you smell on the bush, or the child, and he laughing in his mother's breast. The morning and the evening, the day and the night, only the same thing to you. Oh, it is a poor thing to be blind! (MARTIN *puts over the other half of the cake and the egg to* MARY, *and makes a sign to her to eat. She makes a sign to him to take a share of them. The blind man stretches his hand over the table to try for a crumb of bread, for he has eaten his own share; and he gets hold of the other half cake and takes it.*)

MARY. Eat that, poor man, it is likely there is hunger on you. Here is another egg for you. (*She puts the other egg in his hand.*)

BLIND MAN. The blessing of the Only Son and of the Holy Mother on the hand that gives it. (MARTIN *puts up his two hands as if dissatisfied; and he is going to say something when* MARY *takes the words from his mouth, laughing at his gloomy face.*)

BLIND MAN. *Maisead*, my blessing on the mouth that laughter came from, and my blessing on the light heart that let it out of the mouth.

MARTIN. A light heart, is it! There is not a light heart with Mary to-night, my grief!

BLIND MAN. Mary is your wife?

MÁRTAIN. 'Sí. Trí uaire ó shoin do rinne bean dí.

S.D. Trí uaire ó shoin!

MÁRTAIN (*go searbh*). 'Sea. Pósadh sinn indiu, 's tá tú 'do suí ag féasta ár bpósta.

S.D. Ag féasta do phósta! Ná bí ag magadh fúm – ní'l aon chuideachta annso.

MÁIRE. Ó! ní'l sé ag magadh fút; ní dhéanfadh sé rud mar sin. Ní'l aon chuideachta againn, óir ní'l aon rud ins an tigh againn le tabhairt dóibh.

S.D. Acht thug tú dhamh-sa é! An í an fhírinne atá tú 'rá! An mise an t-aon duine amháin do fuair cuireadh chum do bhainnse uaibh?

MÁIRE. Is tú. Acht thugamar i n-onóir do Dhia é, agus ní innseóinn sin duit choiche, acht gur leig Mártain do'n focal sgiorradh as a bhéal.

MÁRTAIN. Ó! go deimhin is maith liom go dtáinig tú isteach. Theastuigh an bia sin níos mo uait-se 'ná uainn-ne. Má tá teach lom againn anois, b'éidir, le cúnamh Dé, go mbéadh teach lán againn fós, agus dinéar maith ar an mbord le roinnt leó sin bhéas i n-a chaill. Do bhéinn níos fearr anois, acht an chuid bheag airgid do bhí agam do chaith mé é ar an teach 's ar an bpáiste talúna. Shíl mé an uair sin go raibh mé críona; acht anois féach mé! Tá a teach agam, acht ní'l pioc agam le n-ár gcongbháil beó ann. Tá an garrdha 's an pháirc faoí fhataí agam, 's gan fata ar bith againn féin le n'ithe. Támaoid fágatha lom, agus is mise atá cionntach.

MÁIRE. Ní hea, go deimhin; acht má tá duine ar bith cionntach leis, is mé féin atá cionntach. Tá mé im 'ualach ar Mártain anois, 's mé gan aon spré agam féin. An méid airgid do shaothruig mé féin nuair bhí mé ar m'aimsir, do chaith mé arís é ar m'athair bocht nuair bhí sé tinn. Nuair cailleadh m'athair – go ndéana Dia trócaire air! chuaidh mé ar m'aimsir arís, 's an mháighistreas do bhí orm ba bhean chrosta í. Agus nuair chonnairc Mártain an droch-láimhsiú bhí sí 'thabhairt dam, ní leigfeadh sé dham fanúint lei níos fuide, 's phós sé mé. Acht anois beidh misneach breá agam nuair rachas me ar m'aimsir arís.

S.D. An gcaithfidh sibh scarúint ó chéile arís?

MÁRTAIN. Amárach! Caithfidh mise dul 'mo spailpín fanach ag iarraidh oibre thar sáile, 's rachaid sise ar a haimsir arís le máighistreas eile. Cuirfidh mé an glas ar an ndorus ar maidin amárach, fágfaidh mé an talamh ag duine muinntearach go fóill, acht bliain ó'n lá indiu, má támaoid beo, tiocfaidh Máire agus mise ar ais chum an tí seo, cibé áit a mbéimid, le congnamh Dé. Béidh an eochair i mo phóca; bainfidh mé an glas de, siúlfamaoid isteach ann, agus le congnamh Dé, ní fhágfamaoid arís choiche é. Bíodh

An Pósadh / The Marriage

MARTIN. She is. I made her my wife three hours ago.

BLIND MAN. Three hours ago?

MARTIN (*bitterly*).—That is so. We were married to-day; and it is at our wedding dinner you are sitting.

BLIND MAN. Your wedding dinner! Do not be mocking me! There is no company here.

MARY. Oh, he is not mocking you; he would not do a thing like that. There is no company here; for we have nothing in the house to give them.

BLIND MAN. But you gave it to me! Is it the truth you are speaking? Am I the only person that was asked to your wedding?

MARY. You are. But that is to the honour of God; and we would never have told you that, but Martin let slip the word from his mouth.

BLIND MAN. Oh, and I eat your little feast on you, and without knowing it.

MARY. It is not without a welcome you eat it.

MARTIN. I am well pleased you came in; you were more in want of it than ourselves. If we have a bare house now, we might have a full house yet; and a good dinner on the table to share with those in need of it. I'd be better off now; but all the little money I had I laid it out on the house, and the little patch of land. I thought I was wise at the time; but now we have the house, and we haven't what will keep us alive in it. I have the potatoes set in the garden; but I haven't so much as a potato to eat. We are left bare, and I am guilty of it.

MARY. If there is any fault, it is on me it is; coming maybe to be a drag on Martin, where I have no fortune at all. The little money I gained in service, I lost it all on my poor father, when he took sick. And I went back into service; and the mistress I had was a cross woman; and when Martin saw the way she was treating me, he wouldn't let me stop with her any more, but he made me his wife. And now I will have great courage, when I have to go out to service again.

BLIND MAN. Will you have to be parted again?

MARTIN. We will, indeed; I must go as a *spailpín fánac*, to reap and to dig the harvest in some other place. But Mary and myself have it settled, we'll meet again at this house on a certain day, with the blessing of God. I'll have the key in my pocket; and we'll come in, with a better chance of stopping in it. You'll have your own cows yet, Mary; and your calves and your firkins of butter, with the help of God.

misneach agad, a Mháirín; beidh do bhó agus do gamhan agus do shoitheach breá ime agad féin go fóill. Á! ar bhain sé sin fríd gáire asat?

MÁIRE. Cluinim cartacha ar an mbóthar, a Mártain.

MÁRTAIN. Sin iad na daoine ag teacht abhaile ó'n aonach. Níor mhaith liom go bhfeicfidís chomh lom agus tá an teach. Cuirfidh mé smeadaráil luaithre ar an bhfuinneoig nach bhfeicfidh siad dada, 's druid thusa an dorus, a Mháire, 's cuir an bolta air.

S.D. (*Ag tógáil a chinn go hobann.*) Ná déan sin, acht foscail an doras, 's fág lán-foscailte é, 's déan bealach do bheannacht Dé do theacht isteach ins an teach so.

(*Tógann sé a bheidhlín 's tosaíonn sé ag seinm air. Cuireann gasún beag a cheann isteach an dorus, 's annsin tagann ceann eile, 's ceann eile leis.*) Cia hé sin san dorus?

MÁIRE. Buachaillí beaga do tháinig ag éisteacht leat.

S.D. A ghasúna, tigidh isteach.

(*Tagann triúr nó ceathrar aca isteach.*)
A bhuachaillí, tá mé ag éisteacht leis na cartacha ag teacht abhaile ó'n aonach. Gabhaidh amach 's stopaidh na daoine. Abair leo go bhfuil bainis 's damhsa le bheith annso anocht, 's go gcaithfidh siad teacht isteach.

GASÚN. Tá na daoine ag dul abhaile. Ní stopfaidh siad dúinn.

S.D. Abair leo teacht isteach 's go mbeidh damhsa comh breá aca 's chonnaic siad ariamh. Acht caithfidh huile dhuine aca bronntanas 'tabhairt do'n fhear agus do'n mhnaoi nua-phósta.

GASÚN EILE. Ní thiocfaidh siad isteach. Feadann siad damhsa bheith aca am ar bith. Tá píobaire ins an mbaile mór.

S.D. Abair leo gur dhúirt *mise* leo teacht, 's bronntanas ag gach duine aca do'n fhear nua-phósta.

GASÚN. Agus cia thú féin?

S.D. Abair leo go bhfuil Raifterí an file annso, 's go bhfuil seisean ag glaoch ortha, 's annsin tiocfaidh siad.

(*Ritheann na gasúin amach ag bualadh a mbos le chéile.*)

MÁRTAIN. Raifterí an file! An tusa Raifterí an file mór a gculaiadh mé caint air ó rugadh mé! Bhíomar ag trácht ort go díreach sul tháinig tú isteach. Bhí siad 'á rá go raibh tú tinn. Ó! seacht gcéad míle fáilte rómhat, 's is mór an onóir dúinn tusa bheith annso.

MÁIRE. Raifterí an file! Ó, anois tá an t-ádh orrainn. An chéad duine do bheannuigh isteach chugam, 's d'ith bia in mo theach-sa, gurab é Raifterí an file é! Agus chuala mé an lá cheana go raibh tú breóite 's nach raibh tú i bhfad ó'n mbás. Acht ní'l éan-cosúlacht tinnis ort anois!

RAF. Tá mé go maith. Seal tá mé go maith anois, – míle buíochas le Dia.

MÁRTAIN. Chuala mé caint ort chomh minic 's tá méara ar mo

An Pósadh / The Marriage

MARY. I think I hear carts on the road. (*She gets up, and goes to the door.*)

MARTIN. It's the people coming back from the fair. Shut the door, Mary; I wouldn't like them to see how bare the house is; and I'll put a smear of ashes on the window, the way they won't see we're here at all.

BLIND MAN (*raising his head suddenly*). Do not do that; but open the door wide, and let the blessing of God come in on you. (MARY *opens the door again. He takes up his fiddle and begins to play on it. A little boy puts in his head at the door; and then another head is seen, and another with that again.*)

BLIND MAN. Who is that at the door?

MARY. Little boys that came to listen to you.

BLIND MAN. Come in, boys. (*Three or four come inside.*)

BLIND MAN. Boys, I am listening to the carts coming home from the fair. Let you go out, and stop the people; tell them they must come in: there is a wedding-dance here this evening.

BOY. The people are going home. They wouldn't stop for us.

BLIND MAN. Tell them to come in; and there will be as fine a dance as ever they saw. But they must all give a present to the man and woman that are newly married.

ANOTHER BOY. Why would they come in? They can have a dance of their own at any time. There is a piper in the big town.

BLIND MAN. Say to them that *I myself* tell them to come in; and to bring every one a present to the newly-married woman.

BOY. And who are you yourself?

BLIND MAN. Tell them it is Raftery the poet is here, and that is calling to them.

(*The boys run out, tumbling over one another.*)

MARTIN. Are you Raftery, the great poet I heard talk of since I was born! (*taking his hand*). Seven hundred thousand welcomes before you; and it is a great honour to us you to be here.

MARY. Raftery the poet! Now there is luck on us! The first man that brought us his blessing, and that eat food in my own house, he to be Raftery the poet! And I hearing the other day you were sick and near your death. And I see no sign of sickness on you now.

BLIND MAN. I am well, I am well now, the Lord be praised for it.

MARTIN. I heard talk of you as often as there are fingers on my hands, and toes on my feet. But indeed I never thought to have the luck of seeing you.

lámha 's ar mo chosa. Acht go deimhin níor shíl mé go mbeith an t-ádh orm thú fheicsint.

MÁIRE. Agus is tusa do rinne 'Condae Mhuigh Eo,' 's 'An Aithri,' 's 'An Fhaoisdin,' 's 'An Pósae Gléigeal!' Is minic shíl me nach raibh bean ar an domhan ar chóir dí bheith chomh bródúil le Máire Ní hÉidhin, 's an chaoí ar mhol tú í.

RAF. Och, mo Mháire Ní hÉidhin bhocht! An Mháire mhí-adhúil! (*Cluinteas rotha cairt amuigh ar an mbóthar, 's tig sean-fheilméar isteach, 's cóta bréidín air.*)

FELIM. Go mbeannaí Dia dhuit, a Mhártain. An í seo do bhean? Go mbeannaí Dia dhuit, a bhean an tí. Agus a Raifterí, seacht gcéad míle fáilte rómhat-sa go dtí an tír seo. B'fhearr liom tú fheiceál na Rí Seóirse. Nuair dúirt liom go raibh tú annso, dúirt mé liom féin nach rachainn thart gan thú fheiceál da mbéinn gan dul abhaile go maidin.

RAF. Acht ní bhfuair tú mo theachtaireacht.

FELIM. Cia 'n teachtaireacht é sin?

RAF. Nár hinnseadh dhuit bronntanas do thabhairt leat do'n chúpla nua-phósta? Cad tá agat le tabhairt dóibh?

FELIM. Fan go bhfeicfidh mé; ta rudaí ar an gcart agam.

(*Imíonn sé amach 's tig sé ar ais arís 's mála mine ar a ghualainn aige. Caitheann sé ar an urlár é.*)

Dhá mhála mine bhí mé 'tabhairt liom ó'n muileann, 's seo ceann acca mar thabhartas do mhnaoí an tí seo.

MÁIRE. Míle buíochas le Dia 's leat-sa.

RAF. Anois ná dearmad an bheidhleadóir! A Mháire bhfuil pláta 'gad?

(*Cuireann* MÁIRE *pláta in a láimh. Tógann se 's síneann sé amach é.*)

FELIM. Ní bhrisfidh mé d'fhocal, a Raifterí, an chéad uair tháinig tú chugainn ins an tír seo. Seo dhá scilling duit ar an bpláta.

(*Caitheann sé píosa dhá scilling ar an bpláta.*)

RAF. Is duine thú tá flaithiúil fial,
        A bhfuil agat grá-do-Dhia,
      Is fearr teach beag ar teann-lón,
        'Ná teach mór ar bheagán bia.

FELIM. Maise, saol fada agad a Raifterí!

(*Cluintear rotha eile taobh amuigh.*)

RAF. A ghasúin a chuisle, bhfuil tú annsin?

GASÚN. Tá mé.

RAF. Tá tuilleadh cartacha ag teacht. Gabh amach 's abair leó nach leigfidh Raifterí duine ar bith isteach, muna bhfuil bronntanas aige do mhnaoí an tí.

GASÚN. Rachadh.

An Pósadh / The Marriage

MARY. And it is you that made "County Mayo," and the "Repentance," and "The Weaver," and the "Shining Flower." It is often I thought there should be no woman in the world so proud as Mary Hynes, with the way you praised her.

BLIND MAN. O my poor Mary Hynes, without luck! (*They hear the wheels of a cart outside the house, and an old farmer comes in, a frieze coat on him.*)

OLD FARMER. God save you, Martin; and is this your wife? God be with you, woman of the house. And, O Raftery, seven hundred thousand welcomes before you to this country. I would sooner see you than King George. When they told me you were here, I said to myself I would not go past without seeing you, if I didn't get home till morning.

BLIND MAN. But didn't you get my message?

OLD FARMER. What message is that?

BLIND MAN. Didn't they tell you to bring a present to the new-married woman and her husband. What have you got for them?

OLD FARMER. Wait till I see; I have something in the cart. (*He goes out.*)

MARTIN. O Raftery, you see now what a great name you have here. (*Old farmer comes in again with a bag of meal on his shoulders. He throws it on the floor.*)

OLD FARMER. Four bags of meal I was bringing from the mill; and there is one of them for the woman of the house.

MARY. A thousand thanks to God and you. (MARTIN *carries the bag to other side of table.*)

BLIND MAN. Now don't forget the fiddler. (*He takes a plate and holds it out.*)

OLD FARMER. I'll not break my word, Raftery, the first time you came to this country. There is two shillings for you in the plate. (*He throws the money into it.*)

BLIND MAN.
>   This is a man has love to God,
>   Opening his hand to give out food;
>   Better a small house filled with wheat,
>   Than a big house that's bare of meat.

OLD FARMER. *Maisead*, long life to you, Raftery.

BLIND MAN. Are you there, boy?

BOY. I am.

BLIND MAN. I hear more wheels coming. Go out, and tell the people Raftery will let no person come in here without a present for the woman of the house.

BOY. I am going. (*He goes out.*)

(*Imíonn sé amach.*)

FEIL. Deir siad nach dtáinig do leithéid d'fhile i gConnachta le céad bliain, a Raifterí.

(*Tagann bean mheán-aosta isteach 's púnt tae agus páipéar siúcra ina láimh. Fágann sí ar an mbord iad.*)

BEAN. Go mbeannaí Dia annso. Chuala mé go raibh Raifterí an file annso, 's thug mé bronntanas beag liom do bhean an tí. B'fhearr liom Raifterí fheiceál ná a bhfuil agam amuigh ar an gcart.

RAF. Ná dearmad an bheidhleadóir, a bhean chóir.

BEAN. An tusa Raifterí?

RAF.   Mise Raifterí an file,
        Lán dóchais 's grá,
        Le súile gan solas
        Le ciúnas gan crá.

BEAN. Maith an fear!

RAF.   Agus maith an bhean, thusa,
        Glic, Gaelach, galánta;
        Go bhfeicfidh mé do scilling
        Ag léimnigh ar mo phláta.

BEAN. Maise, ó iarrann tusa orm é!

(*Caitheann sí scilling ar an bpláta.*)

Go deimhin ní mhaoidhfinn ort é da mba píosa óir do bhí ann. Tá 'An Aithrí,' do rinne tú de mheabhar agam. Seo fear eile dhuit anois.

(*Tagann fear óg isteach agus taobh bágúin in a láimh. Do bheir sé do* MÁRTAIN *é agus cuireann* MÁRTAIN *leis an min é.*)

MÁRTAIN. Go raibh maith agad. (*le Máire.*) Is cosúil é leis an míorúil do rinne Dia ar Cholman naomhtha nuair chuir Sé a dhinéar chuige agus é ar na sléibhte.

RAF   Sin é an t-ógánac
        Bhfuil féile 'n-a chroí;
        Is é do chuir fáilte
        Roimh bean nua an tí.

ÓGÁNACH. Chuala mé go raibh an domhan 's a mháthair le bheith annso ag cur fáilte roimh Raifterí anocht, agus ní bheidh mise ar deireadh. Thug mé mo bhronntanas do bhean an tí.

RAF. Ná dearmad an bheidhleadóir.

(*Ag crathadh a phláta.*)

ÓG. B'fhearr liom an file atá 'san bhfeidhleadóir seo fheiceál 'ná a bhfuil de bheidhleadóirí ins an domhan.

(*Caitheann sé cúpla scilling ar an bpláta.*)

RAF.   'Sé an t-ógánach cóir é
        A bhfuil féile 'na chroí
        Agus molaim go mór é
        Fear óg an chúil bhuí.

An Pósadh / The Marriage

OLD FARMER. They say there was not the like of you for a poet in Connacht these hundred years back.
(*A middle-aged woman comes in, a pound of tea and a parcel of sugar in her hand.*)
WOMAN. God save all here! I heard Raftery the poet was in it; and I brought this little present to the woman of the house. (*Puts them into* MARY'S *hands.*) I would sooner see Raftery than be out there in the cart.
BLIND MAN. Don't forget the fiddler, O right woman.
WOMAN. And are you Raftery?
BLIND MAN.
> I am Raftery the poet,
> Full of gentleness and love;
> With eyes without light,
> With quietness, without misery.

WOMAN. Good the man.
BLIND MAN.
> Quick, quick, quick, for no man
> Need speak twice to a handy woman;
> I'll praise you when I hear the clatter
> Of your shilling on my platter.

(*A young man comes in with a side of bacon in his arms, and stands waiting.*)
WOMAN. Indeed, I would not begrudge it to you if it was a piece of gold I had (*puts shilling in plate*). The "Repentance" you made is at the end of my fingers. Here's another customer for you now. (*The young man comes forward, and gives the bacon to* MARTIN, *who puts it with the meal.*)
MARY. I thank you kindly. Oh, it's like the miracle worked for Saint Colman, sending him his dinner in the bare hills!
BLIND MAN.
> May that young man with yellow hair
> Find yellow money everywhere!

FAIR YOUNG MAN. I heard the world and his wife were stopping at the door to give a welcome to Raftery, and I thought I would not be behindhand. And here is something for the fiddler (*puts money in the plate.*) I would sooner see that fiddler than any other fiddler in the world.
BLIND MAN.
> May that young man with yellow hair
> Buy cheap, sell dear, in every fair.

ÓG (*le Mártain*). Nach maith do bhí fhios aige gur cúl buí atá orm, 's é 'na dhall! Cá bhfios dó sin?

MÁRTAIN. Éist do bhéal. Tá mo cheann ag dul thart leis an iontas atá orm.

MÁIRE. Is beag an t-iongnadh sin. B'éidir gur ag brionglóideacht atámaoid uile.

FEAR LIATH (*agus beirt chailín leis*). Go mbeannaí Dia annso. Chuala mé go raibh Raifterí annso i dteach na bainse, 's nach leigfead sé duine ar bith isteach gan bronntanas aige do'n bhean nua-phósta. Ní raibh dada agam ar an gcart acht sac prátaí, 's seo é.

(*Caitheann se sac prátaí ar an urlár.*)

MÁIRE. Sonas ort! Tá mé an-buíoch dhíot; má's im' chodladh nó im' dhúiseacht atá mé! Tá sibh uile ró-chineálta dham.

RAF. Ná dearmad an bheidhleadóir.

FEAR LIATH. An tusa Raifterí?

RAF.   Is mise go cinnte
      Raifterí an file
     'Tá ag cruinniú na scillinge;
     Cuir leó-san do scilling.

(*Craitheann sé an pláta go mbaineann sé fuaim ar an airgead. Caitheann an Fear Liath scilling air.*)

FEAR LIATH. Seo dhuit mo scilling-se agus fáilte.

RAF.   Anois, a chailíní,
      Tigidh anall;
     Ná dearmad a-choiche
     An bheidhleadóir dall.

FEALMÉAR. Ara! A Cháit, ara! A Úna, an sibh-se atá ann? Féach cia hé atá romhaibh, an file is mó i nÉirinn. Sin Raifterí féin. Is minic chuala sibh caint ar an gcailín do fuair fear leis an moladh thug sé dhi. Gabhaidh a leith annso.

(*Ag gáire.*)

B'éidir go bhfuigheadh sé fir dhaoibh-se.

CAILÍN. Is minic chuala mé tracht ar Raifterí.

CAILÍN EILE. Tá cáil mhór ar Raifterí i gcónaí.

(*Cuireann an bheirt chailín cúpla píosa ar an bpláta go cúthail.*)

FEILM. Há! Há! Sin é an ceart. Tá sibh ag teacht isteach anois. 'Nois, a Raifterí, nach fial flaithiúil fairrsing an tír í seo? Nach fearr í seo 'ná do Chonndae Mhuig Eó-sa.

RAF.   Déarfaidh mé go deo
      Gurab í sea an tír áluinn,
     Má chloisim bhúr n-airgead
     Ag dahmsa ar mo phláta!

(*Síneann sé amach an pláta.*)

An Pósadh / The Marriage

FAIR YOUNG MAN (*to* MARTIN). How does he know I have yellow hair and he blind? How does he know that?

MARTIN. Hush, my head is going round with the wonder is on me.

MARY. No wonder at all in that. Maybe it is dreaming we all are. (*A grey-haired man and two girls come in.*)

GREY-HAIRED MAN (*laying down a sack*). The blessing of God here! I heard Raftery was here in the wedding-house, and that he would let no one in without a present. There was nothing in the cart with us but a sack of potatoes, and there it is for you, ma'am.

MARY. Oh, it's too good you all are to me. Whether it's asleep or awake I am, I thank you kindly.

BLIND MAN. Don't forget the fiddler.

GREY-HAIRED MAN. Are you Raftery?

BLIND MAN.
    Who will give Raftery a shilling?
    Here is his platter: who is willing?
    Who will give honour to the poet?
    Here is his platter: show it, show it.

GREY-HAIRED FARMER. You're welcome; you're welcome! That is Raftery, anyhow! (*Puts money in the plate.*)

BLIND MAN.
    Come hither girls, give what you can.
    To the poor old travelling man.

GREY-HAIRED MAN. Aurah Susan, aurah Oona, are you looking at who is before you, the greatest poet in Ireland? That is Raftery himself. It is often you heard talk of the girl that got a husband with the praises he gave her. If he gives you the same, maybe you'll get husbands with it.

FIRST GIRL. I often heard talk of Raftery.

THE OTHER GIRL. There was always a great name on Raftery. (*They put some money in the plate shyly.*)

BLIND MAN.
    Before you go, give what you can
    To this young girl and this young man.

FIRST GIRL (*to* MARY). Here's a couple of dozen of eggs, and welcome.

THE OTHER GIRL. O woman of the house! I have nothing with me here; but I have a good clucking hen at home, and I'll bring her to you tomorrow; our house is close by.

FEILM (*Ag gáire*). 'Nois a chómhursanna, síos leis! Mo choinsias, tuigeann Raifterí an t-airgead do bhailiú.

FEAR ACA. Maise, ní dá mhaoidheamh air atámaoid, 's tá bród orrainn uile é fheiceál ins an tír seo.

(*Cuireann sé cúpla scilling ar an bpláta, 's cuireann na daoine atá leis airgead bán air, mar an gcéadna.*)

RAF. A chailín chóra,
   Is mór é bhúr gcroí;
   Tabhair tabhartas le gean
   Do bhean mhaith an tí.

CAILÍN. Tá cúpla duisín ubh ins an mbuiscéad so dhuit, a bhean an tí.

(*Cuireann sí ar an mbord iad.*)

CAILÍN EILE. A bhean an tí, ní'l dada agam annso, acht ta cearc mhaith ar gor agam san mbaile, 's má leigeann tú dham, tiucfaidh mé amárach agus bhéarfaidh mé dhuit í. Ní'l an teach againne i bhfad as so.

MÁIRE. Go raibh míle maith agat. Is ró-chineálta thú.

(*Tagann fir 's mná eile isteach ag rá 'Céad fáilte a Raifterí'. Tá rud éigin ag gach uile duine aca in a láimh, gráinne siúcra, mioscán ime, spóilín feola, crúibíní, cúpla punt olna le sníomh. Cuireann siad or an mbord iad.*)

(*Tagann sean-fhear ramhar isteach.*)

MÁRTAIN. Ó! a Mhaire, sin Seán an Stiocaire, nó Seán an Cráiteachán a thugann siad air. Sin é an duine is crua ins san tír seo. Níor thug sé sé pighne do dhuine beo ó rugadh é.

SEÁN an Stiocaire. Go mbeannaí Dia annso! go mbeannaí Dia annso! O, an é sin Raifterí! Hó, hó! Go mbeannaí Dia dhuit, a Raifterí0 's céad míle fáilte rómhat go dtí an tír seo! Tá bród orrainn uile thú fheiceál. Tá áthas ar an tír go léir thúsa do bheith 'nár measc. Má chreideann sibh mé, a chómorsanna, chonnaic mé le 'mo dhá shúil féin an sgeach a dtug Raifterí a mhallacht dó, agus chomh cinnte a's tá mé beo do chríon sé 'n-a dhiaidh. Ní'l ann acht cúpla sean-ghéagán anois.

RAF. Chuala mé an glór sin
   Go minic le mo linn
   Glór nach mbeith chum mór sin
   B'fhearr liom é 'ná sin.

SEÁN. Hó! Hó! a Raifterí, ag filíocht í gcónaí. Well, tá an t-áthas orrainn go deimhin thú fheiceál 'nár measc annso.

RAF. Cad é an tabhartas thug tú leat do bhean an tí.

SEÁN (*ag tochadh a chinn*). Cad é an tabhartas thug mé liom, an ea? O, Maise! tá an aimsir seo an-chrua ar dhuine bocht. Thug mé beagánín beag olna do bhí agam chum an mhargaidh indiu, agus

An Pósadh / The Marriage

MARY. Indeed, that's good news to me; such nice neighbours to be at hand. (*Several men and women come into the house together, every one of them carrying something.*)
SEVERAL (*together*). Welcome, Raftery!
BLIND MAN.
    If ye have hearts are worth a mouse,
    Welcome the bride into her house.
(*They laugh and greet* MARY, *and put down gifts—a roll of butter, rolls of woollen thread, and many other things.*)
OLD FARMER. Ha, ha! That's right. They are coming in now. Now, Raftery; isn't it generous and open-handed and liberal this country is? Isn't it better than the County Mayo?
BLIND MAN.
    I'd say all Galway was rich land,
    If I'd your shillings in my hand.
(*Holds out his plate to them.*)
OLD FARMER (*laughing*). Now, neighbours, down with it! My conscience! Raftery knows how to get hold of the money.
A MAN OF THEM. *Maisead*, he doesn't own much riches; and there is pride on us all to see him in this country. (*Puts money in the plate, and all the others do the same. A lean old man comes in.*)
MARTIN (*to* MARY). That is John the Miser, or Seagan na Stucaire, as they call him. That is the man that is hardest in this country. He never gave a penny to any person since he was born.
MISER. God save all here! Oh, is that Raftery? Ho, ho! God save you Raftery, and a hundred thousand welcomes before you to this country. There is pride on us all to see you. There is gladness on the whole country, you to be here in our midst. If you will believe me, neighbours, I saw with my own eyes the bush Raftery put his curse on; and as sure as I'm living, it was withered away. There is nothing of it but a couple of old twigs now.
BLIND MAN.
    I've heard a voice like his before,
    And liked some little voice the more;
    I'd sooner have, if I'd my choice,
    A big heart and a small voice.
MISER. Ho! ho! Raftery, making poems as usual. Well, there is great joy on us, indeed, to see you in our midst.
BLIND MAN. What is the present you have brought to the new-married woman?
MISER. What is the present I brought? O *maisead*! the times are too bad on a poor man. I brought a few fleeces of wool I had to the market today, and I couldn't sell it; I had to bring it home

nior fhéad mé a dhíol. Bhí uain agam, agus b'éigin dam a dtiomáint abhaile arís. Tá an donas ar an aimsir seo.

RAF. hUile dhuine tháinig isteach, bhí a bhronntanus féin aige. Sin í an bhean nua-phósta 's cuir síos tabhartus maith dhí.

SEÁN. Ó maise, ní mhaím uirri é.

(*Baineann sé amach as póca a bheiste páipéirín beag snaoisín; tógann sé píosa páipéir de'n urlár, 's annsin dóirteann sé go mall agus go staidéarach scuibín beag snaoisín ar an bpáipéar 's fágann sé ar an mbord é.*)

RAF. Cad é thug sé dhuit?

MÁIRE. Pinse snaoisín.

RAF. Nach maith an bronntanas pinse snaoisín,
Ó'n bhfear is saibhre d'á bhfuil annso,
Bhí tae agus siúcra a bhean na circe,
A's tá – pinse snaoisín! – o fhear na bó.

FEILM. Maise saol fada 'gad a Raifterí, nar chaillidh do bhilleóg a faobhar go bráth. Sin fear na bó go cinnte, 's mise fear na caorach.

(*Ag amhrán:*)
Mála mine ó fhear na caorach
agus – pinse snaoisín! – ó fhear na bó!

FEAR ÓG. Agus mise fear na muice.

(*Ag amhrán:*)
Spóilin feola ó fhear na muice
Agus pinse snaoisín ó fhear na bó!

(*Scairteann siad uile ar gháire.*)

IAD UILE. Pinse snaoisín ó fhear na bó!

(*Tuilleadh gáire.*)

FEILM. Dheamhan a leithéid de ghreann a bhí agam le bliain!

SEÁN. Ó go deimhin ní raibh mé acht ag congbhail grainnín bhig dam féin, acht 'sdoigh ní mhaím uirri uile é.

(*Tarraingeann sé an páipéirín snaoisín ar a bheist arís 's fágann sé ar an mbord é.*)

RAF. Nach bronntanas breá é, leath-unsa snaoisín,
Do bhean an tí sin nach mór an so?
Bhí tae agus siúcra ó bhean na circe.
Bhí mála mine ó fhear na caorach.
Bhí spóilín feola o fhear na muice,
A's – leath-unsa snaoisín o fhear na bó!

IAD UILE.

(*Ag amhrán:*)
Leath-unsa snaoisin o fhear na bó!

FEILM. M'anam ó'n diabhal, a Sheáin, déan an rud go geanúil. Tabhair isteach ceann de na lomraí sin do chonnairc mé ar an gcart leat.

again. And calves I had there, I couldn't get any buyer for at all. There is misfortune on these times.

BLIND MAN. Every person that came in brought his own present with him. There is the new-married woman, and let you put down a good present.

MISER. O *maisead*, much good may it do her! (*He takes out of his pocket a small parcel of snuff; takes a piece of paper from the floor, and pours into it, slowly and carefully, a little of the snuff, and puts it on the table.*)

BLIND MAN.
>Look at the gifts of every kind
>Were given with a willing mind;
>After all this, it's not enough
>From the man of cows—a pinch of snuff!

OLD FARMER. *Maisead*, long life to you, Raftery; that your tongue may never lose its edge. That is a man of cows certainly; I myself am a man of sheep.

BLIND MAN. A bag of meal from the man of sheep.

FAIR YOUNG MAN. And I am a man of pigs.

BLIND MAN. A side of meat from the man of pigs.

MARTIN. Don't forget the woman of hens.

BLIND MAN.
>A pound of tea from the woman of hens.
>After all this, it's not enough
>From the man of cows—a pinch of snuff!

ALL. After all this, it's not enough
>From the man of cows—a pinch of snuff!

OLD FARMER. The devil the like of such fun have we had this year!

MISER. Oh, indeed, I was only keeping a little grain for myself; but it's likely they may want it all. (*He takes the paper out, and lays it on the table.*)

BLIND MAN. A bag of meal from the man of sheep.

ALL. After all this, it's not enough
>From the man of cows—a half-ounce of snuff!

(*One of the girls hands the snuff round; they laugh and sneeze, taking pinches of it.*)

OLD FARMER. My soul to the devil, Seagan, do the thing decently. Give out one of those fleeces you have in the cart with you.

SEÁN. Ní fhaca mé a leithéid d'amadánacht ó rugadh mé! An ar buile tá sibh?
IAD UILE.
(*Ag amhrán*:)
'Leath-unsa snaoisín o fhear na bó'
SEÁN. Ó maise má's éigin bronntanus do chur síos daoibh glac an lomra, 's mo chuid tubaiste libh.
(*Ritheann triúr no ceathrar de nó gasúnaí amach.*)
FEILM. Ara, a Sheáin, cad é do bharúil ar Raifterí anois! Do scrios sé níos mó 'ná an sean-sceach!
(*Tagann na gasúin ar ais 's lomra leo.*)
GASÚN. Seo an lomra, agus is lomra trom é.
(*Cuireann sé ar an mbord é 's tuiteann máilín beag airgid as, 's pléascann sé, 's scapthar an t-airgead annon 's anall ar an urlár.*)
SEÁN. Ub, ub ú! Sin é an t-airgead do fuair mé ar mo chuid uan scaptha orm!
(*Cromann sé air, d'a chruinniú le cheile, scairteann na daoine uile ar gháire aris.*)
FEILM. Maise a Sheáin, cá bhfuair tú an t-airgead? Dúirt tú nár dhíol tú do chuid uan!
RAF.   An fear do fuair airgead ar a chuid
          uan gan a ndíol,
       Ba chóir dhó bheith tabhartach 's go
          buan a bheith fial;
       Cuireadh sé sabharan mar ba dhual
          dó, dham, síos,
       Nó déanfaidh mise rann dó, chuirfeas
          buaidhreach ar a shaol.
SEÁN. Ó! a Raifterí, na déan sin! Bhlas mé go leor de do chuid rann anois; agus ní theastaíonn aon bhlas eile uaim. Seo sé pighne dhuit.
(*Cuireann sé sé pighne ar an bpláta pighin ar pighin.*)
RAF.   Baisdim 'Seán na sé pighne'
          Ar aon Sgolóig láidir,
       Nach bhfuil in a chroí-sean
          Acht cruas agus cráiteacht.
       Amach le do shabharan
          Ag damhsa ar mo phláta,
       No mise mo bhannaí
          Beidh aithreachas go bráth ort!
SEÁN. Ó i n-ainm Dé, a Raifterí, stop do bhéal agus leig dam imeacht. Seo an sabharan duit, agus go deimhin ní le mo bheannacht é!
(*Seineann Raifterí ar a bheidhlín; eiríonn siad uile agus rinceann*

An Pósadh / The Marriage

MISER. I never saw the like of you for fools since I was born. Is it mad you are?

ALL. From the man of cows, a half-ounce of snuff!

MISER. Oh, *maisead*, if there must be a present put down, take the fleece, and my share of misfortune on you! (*Three or four of the boys run out.*)

OLD FARMER. Aurah, Scagan, what is your opinion of Raftery now? He has you destroyed worse than the bush! (*The boys come back, a fleece with them.*)

BOY. Here is the fleece, and it's very heavy it is. (*They put it down, and there falls a little bag out of it that bursts and scatters the money here and there on the floor.*)

MISER. Ub-ub-bu! That is my share of money scattered on me that I got for my calves. (*He stoops down to gather it together. All the people burst out laughing again.*)

OLD FARMER. *Maisead*, Scagan, where did you get the money? You told us you didn't sell your share of calves.

BLIND MAN.
    He that got good gold
    For calves he never sold
    Must put good money down
    With a laugh, without a frown;
    Or I'll destroy that man
    With a bone-breaking rann.
    I'll rhyme him by the book
    To a blue-watery look.

MISER. Oh, Raftery, don't do that. I tasted enough of your ranns just now, and I don't want another taste of them. There's threepence for you. (*He puts three pennies in the plate.*)

BLIND MAN.
    I'll put a new name upon
    This strong farmer, of Thrippeny John.
    He'll be called, without a doubt,
    Thrippeny John from this time out.
    Put your sovereign on my plate,
    Or that and worse will be your fate.

MISER. O, in the name of God, Raftery, stop your mouth and let me go! Here is the sovereign for you; and indeed it's not with my blessing I give it.

siad, acht Seán an Stiocaire. *Bagrann sé a dhorn ar éadan Raifterí. Tar éis damhsa bhig ritheann gasún isteach.*)

GASÚIN. Tá stoirm mhór ag teacht. Ní sheasfaidh na capla. Tá siad sgannruithe. Tá an t-adhastar briste ag capall aca. O féach an teinnteach!

(*Teinnteach 's tóirneach; stopthar an damhsa.*)

FEILM. (*Ag féachaint amach an doras.*) Tá an ceart aige. Beidh stoirm againn 's caithfimid bheith ag imeacht le bheith san mbaile in n-am, agus ní raibh aon chosúlacht stoirme nuair bhíomar teacht isteach! Sin é an teinnteach ag tosaí.

(*Téann sé anonn go Raifterí agus craitheann sé a lámh.*)

Well, beannacht leat a Raifterí; dheamhan a leithéid de spórt do bhí agam le bliain. B'fhearr liom thú fheiceál, 'na galún uisce beatha a-bhaile liom, ar an gcart.

FEAR ÓG. (*Ag crathadh láimha le* RAIFTERÍ.)Beannacht leat a Raifterí; ní bhainfeadh an méad sagart agus bráthar d'á bhfuil in Éirinn an oiread airgid i ndeich mblian as Seán an Stiocaire, agus do bhain tusa as anocht!

(*Craitheann siad uile lámh le* RAIFTERÍ *'s imíonn siad, leis agus leis, go bhfuil an teach follamh. Beireann* MÁRTAIN *agus* MÁIRE *ar lámha a chéile*).

MÁRTAIN. A Mháire a mhúirnín, ní mheasaim go scarfamaoid le chéile anois.

MÁIRE. Ar éigin creidim é, a Mhártain. Ní fhaca duine ariamh a leithéid de bhainis! Shíl mé nuair bhí sin uile ag dul ar aghaidh nach raibh ann acht brionglóid! Acht féach na rudaí sin uile.

MÁRTAIN. A Mháire a mhúirnín!

MÁIRE. Ní scarfamaoid a-choiche anois, a Mhártain. Tá an oiread againn ar an mbord sin 's a dhéanfas dúinn go Lúghnas.

(*Tosaíonn siad ag breathnú ar na nithe ar an mbord. Éiríonn* RAIFTERÍ *gan fhios dóibh-sean. Téann sé go dtí an dorus, tionntaíonn sé ansin 's éisteann sé leo go leath-bhrónach ar feadh móimid. Tógann sé a dhá láimh in n-áirde amhail agus dá mbeith sé d'á mbeannú. Annsin éilíonn sé.*)

MÁRTAIN. Agus is é Raifterí thug dúinn é.

MÁIRE (*ag iompó*). Acht cá bhfuil sé? Ca bhfuil Raifterí?

MÁRTAIN (*ag iompó*). Níl se annso! Is clóigh go bhfuil sé taobh amuigh de'n dorus, óir d'fhág sé an pláta 'n-a dhiaidh 's é lán d'airgead.

(*Téann sé go dtí an dorus, 's féachann sé amach.*)

Ní fheicim i n-áit ar bith é. Níl sé ann.

MÁIRE (*ag suí síos*). Óra, a Mhártain, an measann tú gur Raifterí féin do bhí ann. Tá mé i n-amhrus nach é do bhí ann chor ar bith. Cia an chaoi d'éireódh sé chomh hobann sin 's é tinn? Cia é an

An Pósadh / The Marriage

(BLIND MAN *plays on the fiddle. They all stand up and dance but* SEAGAN NA STUCAIRE, *who shakes his fist in* BLIND MAN'S *face, and goes out.*

When they have danced for a minute or two, BLIND MAN *stops fiddling and stands up.*)

BLIND MAN. I was near forgetting: I am the only person here gave nothing to the woman of the house. (*Hands the plate of money to* MARY.) Take that and my seven hundred blessings along with it, and that you may be as well as I wish you to the end of life and time. Count the money now, and see what the neighbours did for you.

MARY. That is too much indeed.

MARTIN. You have too much done for us already.

BLIND MAN. Count it, count it; while I go over and try can I hear what sort of blessings Seagan na Stucaire is leaving after him.

(*Neighbours all crowd round counting the money.* BLIND MAN *goes to the door, looks back with a sigh, and goes quietly out.*)

OLD FARMER. Well, you have enough to set you up altogether, Martin. You'll be buying us all up within the next six months.

MARTIN. Indeed I don't think I'll be going digging potatoes for other men this year, but to be working for myself at home.

(*The sound of horse's steps are heard. A young man comes into the house.*)

YOUNG MAN. What is going on here at all? All the cars in the country gathered at the door, and Seagan na Stucaire going swearing down the road.

OLD FARMER. Oh, this is the great wedding was made by Raftery —Where is Raftery? Where is he gone?—

MARTIN (*going to the door*). He's not here. I don't see him on the road. (*Turns to young farmer.*) Did you meet a blind fiddler going out the door—the poet Raftery?

chaoi chonnairc sé 's cia an chaoi d'aithin sé an méid sin agus é dall? Bhfuil an fear beo do bhéarfadh an méid seo isteach ins an tigh i leith-uair a chluig amháin? Agus cad é do thóg an toirneach do chuir na daoine a-bhaile?

MÁRTAIN. A Mháire, cad tá tu 'rá?

MÁIRE. Agus a lámha – bhí siad chomh fuar – ó, chomh fuar 's chonnairc tú ariamh. A Mhártain, tá mé 'ceapadh nach fear beó a bhí ann.

MÁRTAIN. Ó! tá'n ceart agad, a Mháire, tá'n ceart agad, a Mháire. Tuigim anois é.

(*Téann* MÁIRE *síos ar a glúna agus do ghnídh* MÁRTAIN *an rud céadna.*)

An Pósadh / The Marriage

YOUNG MAN. The poet Raftery? I did not; but I stood by his grave at Killeenan three days ago.

MARY. His grave? Oh, Martin, it was a dead man was in it!

MARTIN. Whoever it was, it was a man sent by God was in it.

(CURTAIN.)

AN NAOMH AR IARRAID
THE LOST SAINT

AN NAOMH AR IARRAID

NA DAOINE

SEAN-FHEAR	FEARGUS
OIDE	ART
CONAL	AODH
FEARGHAILL	PÁISTÍ, etc.

ÁIT

Seomra mór mar a bhíodh ins na sean-aimsiri. Bord fada ann. Tá sgata páistí ann, cuid aca ag ithe a mbéile agus cuid aca 'na seasamh tar éis a ite. Tá oide ag cromadh ar leabhar i gcornéall eile de'n tseomra.

ART (*ag seasamh suas*). Tar amach a Fheidlim go bhfeicfimid an cú nua.

FEIDHLIM. Ní féadamaoid. Dúirt an máistir linn gan dul amach go ndéarfamaoid an dán sin do, an dán do mhuin sé dhuinn indé.

FEARGHAILL. Maise, gráin go deo ar an sean dán céadna, acht níl eagla orm-sa; rachaid mise amach ar chuma ar bith. Tá sé de meabhar agam-sa – acht ní mheasaim go bhfuighfidh tusa amach, a Chonaill. O! sin é an máistir agus é réidh le tosú.

AN t-OIDE (*ag tógbháil a chinn*). Anois a chlann o, bhfuil an béile criochnuithe agaibh?

PÁISTE. Ní'l go fóil.

(*Tig sean-fhear liath droch-ghleusta go dtí an dorus.*)

ART. O sin sean-Chormaicín a bhíos ag meilt na mine dúinn, agus ag tabhairt aire don'n áitche.

AH SEAN-FHEAR. Go mbeannaí Dia ann so! A mhaistir, an dtiubhraidh tú cead dam an sprúilleach bidh sin do chruinniú agus do thabhairt amach liom.

AN t-OIDE. Déan sin. (*Leis na páistí*) tigí ann so anois, go bhfeicidh mé bhfuil an dán sin i gceart agaibh, agus leigfidh mé dhaoibh dul amach, nuair bhéidh sé ráite agaibh.

FEARGUS. Támaoid teacht, acht fan móimid go innseoidh sean-Chormaicín dúinn cad tá sé dul a dhéanamh leis an sprúilleach bidh sin.

AN SEAN-FHEAR. Tá mé d'á chruinniú le tabairt do na h-éanacha, a muirnín.

AN t-OIDE. Déanfaidh sin anois. Gabh a leith ann so. (*Seasann na páistí os a choinne in a line.*)

AN t-OIDE. Anois innseóidh mé dhaoibh cia rinne an dán atá sibh dul a rá liom. Bhí fear craibhteach naomhtha i n-Éirinn blianta o shoin. Aonghus Céile Dé an t-ainm do bhí air. Ní raibh aon duine i n-Éirinn

THE LOST SAINT

AN OLD MAN
A TEACHER
CONALL AND OTHER CHILDREN

SCENE—*A large room as it was in the old time. A long table in it. A troop of children, a share of them eating their dinner, another share of them sitting after eating. There is a teacher stooping over a book in the other part of the room.*

A CHILD (*standing up*). Come out, Felim, till we see the new hound.
ANOTHER CHILD. We can't. The master told us not to go out till we would learn this poem, the poem he was teaching us to-day.
ANOTHER CHILD. He won't let anyone at all go out till he can say it.
ANOTHER CHILD. *Maisead*, disgust for ever on the same old poem; but there is no fear for myself—I'll get out, never fear; I'll remember it well enough. But I don't think you will get out, Conall. Oh, there is the master ready to begin.
TEACHER (*lifting up his head*). Now, children, have you finished your dinner?
CHILDREN. Not yet. (*A poor-looking, grey old man comes to the door.*)
A CHILD. Oh, that is old Cormacin that grinds the meal for us, and minds the oven.
OLD MAN. The blessing of God here! Master, will you give me leave to gather up the scraps, and to bring them out with me?
MASTER. You may do that. (*To the children.*) Come here now, till I see if you have that poem right, and I will let you go out when you have it said.
FEARALL. We are coming; but wait a minute till I ask old Cormacin what is he going to do with the leavings he has there.
OLD MAN. I am gathering them to give to the birds, avourneen.
TEACHER. We will do it now; come over here. (*The children stand together in a row.*)
TEACHER. Now I will tell you who made the poem you are going to say to me: There was a holy, saintly man in Ireland some years ago. Aongus Ceile Dé was the name he had. There was no man in

budh mó umlacht 'ná é. Níor mhaith leis, no daoine do bheith ag tabhairt onóra dó, ná do bheith ag rá go mbudh mór an naomh é, no go mbudh breá an file é. Ar an abhar sin, bhí se chomh h-umall sin, gur éalaig sé leis, aon oíche amháin. Chuir sé culaidh bréige air féin, agus d'imigh sé 'na duine bocht ar fud na tíre ag saothrú a bheatha féin gan eólas ag duine ar bith air. Tá sé imithe as eólas anois, gan fhios ag duine ar bith cá bhfuil sé. B'éidir gur ag beathú muc no gur ag meilt mine atá sé anois, mar aon duine bocht eile.

FEARGHAILL. Ag meilt mine mar sean Chormaicín ann so.

AN t-OIDE. Go díreach. Acht sul ar imigh sé leis, is iomai dán breá milis rinne sé ag moladh Dé agus na n-aingeal, agus is ceann aca sin do bhí me d'a mhunadh dhaoibh indé.

ART. Cad é an t-ainm a dúirt tú, do bhí air.

AN t-OIDE. Aonghus Céile Dé. Thug siad 'Céile Dé' air, mar bhí sé chomh naomhtha sin. Anois a Fheidhlim, abair an dá líne tosaigh, tusa, agus déarfaidh Art an dá líne leanas, agus déarfaidh Conall an dá line na dhiadh sin, agus mar sin go dtí an deireadh.

FEIDHLIM.
      Shuas, i bhflaitheas Dé, atá
      Árd-aingeal ag gach aon lá.

ART.
      Agus is iad sin go cruinn
      A stiúraíos an tseachtain.

AODH.
      An chéad-lá, is naomtha é,
      Ag Dia atá Dia Domnaigh.

FEARGHAILL.
      Faireann Gabriel go buan
      h-uile seachtain an Dia-luain.

CONAL.
      Faireann Gabriel go buan –

AN t-OIDE. Ni h-ea, duradh sin cheana. Ag Dia Mairt atámaoid anois. Cia ag a bhfuil Dia Mairt? (*Ní freagrann an buachaillín.*) Cia aige a bhfuil Dia Mairt? Ná bí d'amadán anois.

CONAL (*ag cuir ailt a mheir chum a shúile*). Ní'l fhios agam.

AN t-OIDE. O mo náire thu! Féach anois, gabh in n-áit a raibh Fearghaill agus rachaidh seasean i d'áit-se. Nois a Fhearghaill!

FEARGHAILL.
      Is fior é go bhfuil Dia Mairt
      Ag Micheál in a lán-neart.

AN t-OIDE. 'Sea, 'nois a Chonail, abair cia ag a bhfuil Dia Luain.

CONAL (*ag gol*). Ní fheadar –

An Naomh ar Iarraid / The Lost Saint

Ireland had greater humility than he. He did not like the people to be giving honour to him, or to be saying he was a great saint, or that he made fine poems. It was because of his humility he stole away one night, and put a disguise on himself; and he went like a poor man through the country, working for his own living without anyone knowing him. He is gone away out of knowledge now, without anyone at all knowing where he is. Maybe he is feeding pigs or grinding meal now like any other poor person.

A CHILD. Grinding meal like old Cormacin here.

TEACHER. Exactly. But before he went away, it is many fine sweet poems he made in the praise of God and the angels; and it was one of those I was teaching you to-day.

A CHILD. What is the name you said he had?

TEACHER. Aongus Ceile Dé, the servant of God. They gave him that name because he was so holy. Now, Felim, say the first two lines you; and Art will say the two next lines; and Aodh the two lines after that, and so on to the end.

FELIM.
    Up in the kingdom of God, there are
    Archangels for every single day.

ART.
    And it is they certainly
    That steer the entire week.

AODH.
    The first day is holy;
    Sunday belongs to God.

FERGUS.
    Gabriel watches constantly
    Every week over Monday.

CONALL.
    Gabriel watches constantly—

TEACHER. That's not it, Conall; Fergus said that.

CONALL. It is to God Sunday belongs—

TEACHER. That's not it; that was said before. It is at Tuesday we are now. Who is it has Tuesday? (*The little boy does not answer.*) Who is it has Tuesday? Don't be a fool, now.

CONALL (*putting the joint of his finger in his eye*). I don't know.

TEACHER. Oh, my shame you are! Look now; go in the place Fearall is, and he will go in your place. Now, Fearall.

FEARALL.
    It is true that Tuesday is kept
    By Michael in his full strength.

TEACHER. That's it. Now, Conall, say who has Monday.

CONALL. I can't.

AN t-OIDE. Abair an dá líne thosaigh, mar sin, agus beidh mé sasta. Cia ag a bhfuil Dia Domnaigh.

CONAL (*ag gol*). Ní'l fhios agam.

AN t-OIDE. O nach tú an t-amadáinín! Ní chuirfidh mé dada in do cheann a choiche. Ní leigfidh mé amach thú go mbéidh an dán sin agad. A bhuachaillí, scrios amach libh anois agus fágfamaoid Conal Amadán ann so. (*Imíonn an t-oide agus na páistí eile amach.*)

AN SEAN-FHEAR. Ná bí ag gol a mhuirnín, muinfidh mise an dán duit. Tá sé de mheamhar agam féin.

CONALL. Óra, a Chormaicín ní thig liom a fhoghluim. Ní'l mé críona ná glic mar na buachaillí eile. Ní fhéadaim aon rud chur asteach in mo cheann (*sgairteann sé ar chaoineadh*), ní bhíonn aon chuimhne agam ar aon rud.

AN SEAN-FHEAR (*ag leagan a láimhe ar a cheann*). Glac meisneach a stóir. Béidh tú d'fear críona go fóil le congnamh Dé. Gabh leith ann so agus cuidigh liom ag roinnt na sprúille seo. (*Éiríonn an buachaillín.*) Sin é anois, triomuigh do shúil agus ná bíodh aon droch-mheisneach ort.

CONAL (*ag triomú a shúl*). Cad chuige bhruil tú ag deanamh trí chuid de'n sprúilleach so.

AN SEAN-FHEAR. Tá mé dul an chuid seo do thabhairt do na géana, cuir mé an gabaiste uile ar an mhéis seo dhoibh, agus nuair rachas mé amach craithfidh mé gráinín mine air sin, agus beathóidh sé go breá iad. Ta sprúilleach ná feola agam ann so, agus sean sgreamhóga, agus arán briste tríd, agus bhéarfaidh mé sin do na cearcha: béarfaidh siad uibheacha níos fearr nuair geobhaidh siad bia mar sin. Tá an sprúilleach bheag so agam le tabhairt do na h-éiníní beaga bhíos ag seinm dam ar maidin, agus dhúisios mé le n-a gcuid ceóil. Tá sé bruite mion agam dóibh. (*Sguabann sé an t-urlár agus cruinníonn sé mionghiotaí aráin.*) Tá grá mór agam do na h-éiníní beaga.

(*Féachann an sean-fhear suas, agus chidh sé go bhfuil an buachaillín 'na luí ar chuisín agus é 'na chodladh agus ag osnaoil in a codhladh. Seasann se tamaillín ag féachaint anuas air. Tagann deóra in a shúile féin. Ann sin téann sé ar a dhá ghlúin.*)

AN SEAN-FHEAR. O a Thiarna a Dé, glac trua do'n pháistín bog óg so. Cuir críonacht in a cheann, glan a chroí, scap an ceo atá ar a inntinn, agus leig dó a cheacht d'foghluim mar na buachaillí eile. O, a Thiarna, do bhí tú féin óg, tráth, glac trua do'n óige. O, a Thiarna, do síl tú féin na-deora, triomuigh deóra an buachaillín seo. Éist, a Thiarna, le guí do searbhfhóghanta, agus ná tóg air an ní beag so d'iarraidh ort. O, a Thiarna, is goirt deóra an leinbh, millsigh iad, is doimhin smuaínte an leinbh, ciunaigh iad, is searbh brón an leinbh, bain dé é, is bog croí an leinbh, O ná cruaigh é.

(*Nuair atá an sean-fhear ag guí, tagann an t-oide asteach. Dearcann sé air. Sméideann sé ar na páistí atá taobh amuigh, tagann siad asteach, cruinníonn siad in a thimchioll. Tógann an sean-fhear a cheann. Preabann sé 'na suí agus lasadh náire air.*)

An Naomh ar Iarraid / The Lost Saint

TEACHER. Say the two lines before that and I will be satisfied. Who has Monday?

CONALL (*crying*). I don't know.

TEACHER. Oh, aren't you the little amadan! I will never put anything at all in your head. I will not let you go out till you know that poem. Now, boys, run out with you; and we will leave Conall Amadan here. (*The* TEACHER *and all the other scholars go out.*)

THE OLD MAN. Don't be crying, avourneen; I will teach the poem to you; I know it myself.

CONALL. Aurah, Cormacin, I cannot learn it. I am not clever or quick like the other boys. I can't put anything in my head (*bursts into crying again*). I have no memory for anything.

OLD MAN (*laying his hand on his head*). Take courage, astore. You will be a wise man yet, with the help of God. Come with me now, and help me to divide these scraps. (*The child gets up.*) That's it now; dry your eyes and don't be discouraged.

CONALL (*wiping his eyes*). What are you making three shares of the scraps for?

THE OLD MAN. I am going to give the first share to the geese; I am putting all the cabbage on this dish for them; and when I go out, I will put a grain of meal on it, and it will feed them finely. I have scraps of meat here, and old broken bread, and I will give that to the hens; they will lay their eggs better when they will get food like that. These little crumbs are for the little birds that do be singing to me in the morning, and that awaken me with their share of music. I have oaten meal for them. (*Sweeps the floor, and gathers little crumbs of bread.*) I have a great wish for the little birds. (*The old man looks up; he sees the little boy lying on a cushion, and he asleep. He stands a little while looking at him. Tears gather in his eyes; then he goes down on his knees.*)

OLD MAN. O Lord, O God, take pity on this little soft child. Put wisdom in his head, cleanse his heart, scatter the mist from his mind, and let him learn his lesson like the other boys. O Lord, Thou wert Thyself young one time: take pity on youth. O Lord, Thou Thyself shed tears: dry the tears of this little lad. Listen, O Lord, to the prayer of Thy servant, and do not keep from him this little thing he is asking of Thee. O Lord, bitter are the tears of a child, sweeten them; deep are the thoughts of a child, quiet them; sharp is the grief of a child, take it from him; soft is the heart of a child, do not harden it.

(*While the old man is praying, the* TEACHER *comes in. He makes a sign to the children outside; they come in and gather about him. The old man notices the children; he starts up, and shame burns on him.*)

AN t-OIDE. Chuala me do ghuí, a shean-duine, acht ní'l aon mhaith ann. Molaim go mór thu faoi, acht tá an leanbh sin go ro mhall ag foghluim. Rinne mé féin athchuinge ar Dia uair no dó, d'á thaoibh, acht ní raibh aon mhaith ann.

AN SEAN-FHEAR. B'éidir gur chuala Dia mé – tá Dia réidh le h-éisteacht i gcónaí. An uair a mbíonn sinn fein folamh gan aon ní, eisteann Dia linn, agus ní chuimhnímid ar na neithe do chailleamar, acht cuirimid ár ndóchas in Dia.

AN t-OIDE. Is fior, a n-abrann thú, acht ní'l aon mhaith i n-athchuinge an uair so. Tá an gasún so ro dho-mhuinte. (*Téann sé féin agus an* SEAN FHEAR *go dtí an buachaillín atá fós 'na chodladh agus lorg na ndeór ar a ghrua.*) Caithfidh se oibriú go crua agus go an-chrua, agus b'éidir le neart oibre go bhféadfaidh sé beagán fhoghluim am eigin. (*Cuireann sé a lámh ar ghualainn an bhuachaillín agus preabann sé 'na dhúiseacht agus iontas air nuair chidh sé na daoine eile 'na thimchioll.*)

AN SEAN-FHEAR. Fiafruigh dhe anois.

AN t-OIDE. An gcuimhníonn tú ar an dán anois, a Chonail?

CONAL.
    Shuas i bhflaitheas Dé atá
    Árd aingeal ag gach aon-la.

    Agus is iad sin go cruinn
    A stiúraíos an tseachtain.

    An chéad-lá is naomhtha é,
    Ag Dia ata Dia Domhnaigh.

    Faireann Gabriel go buan
    h-Uile sheachtain an Dia-Luain.

    Agus fós atá Dia Mairt
    Ag Micheál in a lán-neart.

    Rafael go cóir ceart caoin,
    Is aige tá Dia Ceadaoin.

    Ag Saciel nach cam claon
    Gach seachtain tá an Diardaoin.

    Haniel árd aingeal Dé,
    Is aige tá Dia h-Aoine.

    Cassiel geal na súl ngorm
    Stiúraíonn sé Dia Sáthoirn.

AN t-OIDE. Is míorúil é! Níor theip focal air. Acht innis dam, a Chonail a stóir, cia an chaoi an fhoghlium tu an dán sin o shoin?

CONAL. Nuair bhí mé mo chodladh anois, tháinig sean-duine

An Naomh ar Iarraid / The Lost Saint

TEACHER. I heard your prayer, old man; but there is no good in it. I praise you greatly for it, but that child is half-witted. I prayed to God myself once or twice on his account, but there was no good in it.

THE OLD MAN. Perhaps God heard me. God is for the most part ready to hear. The time we ourselves are empty without anything, God listens to us; and He does not think on the thing we are without, but gives us our fill.

TEACHER. It is the truth you are speaking; but there is no good in praying this time. This boy is very ignorant. (*He and the old man go over to the child, who is still asleep, and signs of tears on his cheeks.*) He must work hard, and very hard; and maybe with the dint of work, he will get a little learning some time. (*He puts his hand on the cheek of the little boy, and he starts up, and wonder on him when he sees them all about him.*)

THE OLD MAN. Ask it to him now.

TEACHER. Do you remember the poem now, Conall?

CONALL.
>Up in the heaven of God, there are
>Archangels for every day.
>
>And it is they certainly
>That steer the entire week.
>
>The first day is holy;
>Sunday belongs to God.
>
>Gabriel watches constantly
>Every week over Monday.
>
>It is true that Tuesday is kept
>By Michael in his full strength.
>
>Rafael, honest and kind and gentle,
>It is to him Wednesday belongs.
>
>To Sachiel, that is without crookedness,
>Thursday belongs every week.
>
>Haniel, the Archangel of God,
>It is he has Friday.
>
>Bright Cassiel, of the blue eyes,
>It is he directs Saturday.

TEACHER. That is a great wonder, not a word failed on him. But tell me, Conall astore, how did you learn that poem since?

CONALL. When I was sleeping, just now, there came an old man

chugam, agus dar liom-sa do bhí gach dath d'á bhfuil san mbogha-uisge air, agus rug sé ar mo leine agus stróc sé é, agus ann sin d'fhosgail sé mo bhrollach agus chuir sé an dán asteach in mo chroí.

AN SEAN-FHEAR. Is Dia do thug an bhrionglóid sin do. Ní dóigh liom go mbéidh sé 'na bhuachaill do-mhuinte as so amach.

CONAL. Agus an fear do tháinig chugam shíl mé go mbudh shean-Chormaicín ann sin do bhí ann.

FEARGHAILL. B'éidir go mbudh Aonghus Céile Dé féin do bhí ann!

AODH. B'éidir gur Aonghus Cormaicín!

AN t-OIDE. An tu Aonghus Céile Dé? Cuirim ort as ucht Dé a innsint dam.

AN SEAN-FHEAR (*ag cromadh a chinn*). O! Fuair sibh amach anois é. O! shíl mé nach mbeith aithne ag duine ar bith go bráth orm. Mo leun! Fuair sibh amach mé.

AN t-OIDE (*ag dul ar a dhá ghlúin*). A Aonghuis Naomhtha, maith dham é. Tabhair dham do bheannacht, a dhuine naoimh. Tabhair do bheannacht do na páistí seo. (*Téid na páistí ar a nglúna 'na thimchioll.*)

AN SEAN-FHEAR (*ag tógbháil a láimhe*). Beannacht Dé orraibh. Beannacht Críosta agus a naomh-mháthar orraibh. Mo bheannacht féin orraibh.

to me, and I thought there was every colour that is in the rainbow upon him. And he took hold of my shirt, and he tore it; and then he opened my breast, and he put the poem within in my heart.

OLD MAN. It is God that sent that dream to you. I have no doubt you will not be hard to teach from this out.

CONALL. And the man that came to me, I thought it was old Cormacin that was in it.

FEARALL. Maybe it was Aongus Ceile Dé himself that was in it.

AODH. Maybe Cormacin is Aongus.

TEACHER. Are you Aongus Ceile Dé? I desire you in the name of God to tell me.

THE OLD MAN (*bowing his head*). Oh, you have found it out now! Oh, I thought no one at all would ever know me. My grief that you have found me out!

TEACHER (*going on his knees*). O holy Aongus, forgive me; give me your blessing. O holy man, give your blessing to these children. (*The children fall on their knees round him.*)

THE OLD MAN (*stretching out his hand*). The blessing of God on you. The blessing of Christ and His Holy Mother on you. My own blessing on you.

DRÁMA BREITHE CHRÍOSTA
THE NATIVITY

DRÁMA BREITHE CHRÍOSTA

NA DAOINE

BEIRT BHAN   AINGIL ÓGA
SÍPEARAÍ AGUS MAOIR   MUIRE
RÍTHE   Iósef
      AN NAÍONÁN

ÁIT

Stábla. Dorus druidte air. Tá fáinne an lae ag éirí agus an breac-sholas ag teacht. Tagann beirt bhean, bean aca aniar agus bean aca anoir, craobh seilíní i lámh mná aca agus slám barraigh i lámh na mná eile, agus iad tuirseach ó'n tsiul.

AN CHÉAD BHEAN. Go mbeannaí Dia dhuit.
AN DARA BEAN. Go mbeannaí Dia dhuit fein.
AN CHÉAD BHEAN. Cá'uil tú ag dul?
AN DARA BEAN. Ar thóir mná atá mé.
AN CHÉAD BHEAN. Agus mise chomh maith leat.
AN DARA BEAN. Is aisteach é sin. Cad é an bhean í?
AN CHÉAD BHEAN. Bean nach bhfuil i bhfad ó bhreith chloinne agus shíl me go mbudh mhaith leí bean eile a bheith ag tabhairt aire di.
AN DARA BEAN. Sin í an bhean chéadna a bhfuil mise ar a tóir, mar an gcéadna.
AN CHÉAD BHEAN. Cad fáth ar lean tusa í?
AN DARA BEAN. Rinne mé droch rud di agus tháinig brón agus náire orm faoi, agus shíl mé a cúitiú dá bhfeádfainn.
AN CHÉAD BHEAN. Ó! Is é sin go díreach an rud a rinne mise.
AN DARA BEAN. Is iontach sin. Inseoidh mé duit mar tharla sé liom-sa, ma inseann tu do sgéal féin damh-sa 'na dhiaidh sin.
AN CHÉAD BHEAN. Inseod.
AN DARA BEAN. Tá go maith. Bhí mé tamall ó shoin tráthnóna amháin, ag deasú béile-an-tráthnóna do m'fhear agus do'n chlann, nuair a tháinig fear agus bean óg go dtí an dorus, agus bhí an bhean óg ag marcaíocht ar asal. D'iarr siad lóistín na h-oíche orm. Dúirt siad gur suas go dtí Iaruisailéim do bhí siad ag dul. Ach mo léun! An fear atá agam is fear garbh é, agus bhí faitíos orm iad do leigean asteach; ar eagla go ndéanfadh sé rud as bealach liom agus d'eitigh mé iad. Dúirt siad liom

THE NATIVITY

Two Women.   Shepherds.
Kings.   Child Angels.
        The Holy Family.

SCENE.—*A stable. The door shut on it. The dawn of day is rising, and the colours of morning coming. Two women come in— a woman of them from the east, and a woman from the west, and they tired from the journey. There is a branch of a cherry tree in the hand of one of them, and a flock of flax in the hand of the other of them.*

THE FIRST WOMAN. God be with you!
THE SECOND WOMAN. God be with yourself!
FIRST WOMAN. Where are you going?
SECOND WOMAN. In search of a woman I am.
FIRST WOMAN. And myself as well as you.
SECOND WOMAN. That is strange. What woman is that?
FIRST WOMAN. A woman that is about to give birth to a child; and I think it would be well for her, another woman to be giving care to her.
SECOND WOMAN. That is the same woman I am in search of in the same way.
FIRST WOMAN. I did an unkindness to her, and grief and shame came on me after, and I thought to make up for it if I could.
FIRST WOMAN. Oh, that is just the same thing I myself did.
SECOND WOMAN. That is a wonder. I will tell you how it happened with me; and you will tell me your story after that.
FIRST WOMAN. I will tell it.
SECOND WOMAN. That is good. I was one evening a while ago getting ready the supper for my husband and my children, when there came a man and a young woman to the door, and the woman riding an ass. They asked a night's lodging of me. They said it was up to Jerusalem they were going. But, my grief! the husband I have is a rough man, and there was fear on me to let them in; I was afraid he would do something to me, and I refused them. They said to me they were very tired; and they pressed so hard on me that I told them at last to go out and sleep in the barn, in the place the flax was, and my husband would not have know-

go raibh siad sáruithe go mór agus chuireadar chomh crua sin orm é go ndúirt mé leo fá dheireadh dul amach agus codladh sa sgioból, an áit a raibh an líon agus nach mbeith fhios ag m'fhearsa air. Ach timchioll an mheáin-oíche do bualadh m'fhear-sa breoite agus tháinig pianta móra go h-obann air, agus d'fhobair gur cailleadh é. Nuair a shíl mé go raibh sé ag fail bháis, scanraíodh mé agus rith mé amach go dtí na daoine do chuir mé sa sgioból ag iarraidh cúnaimh orra.

AN CHÉAD BHEAN. Go bhfóire Dia orrainn.

AN DARA BEAN. Sea! Agus nuair chuala an bhean do bhí 'na luí ar cholg an lín mo sgéal-sa, sé r'd do rinne sí slám den bharrach abhí ar an urlár a thógáil, agus thug sí dam é agus dúirt liom 'cuimil sin', ar sise, 'ar an áit a bhfuil na pianta air, agus leighiseachar iad'. Asteach liom chomh tapa agus bhí ionnam, agus an barrach in mo láimh. Bhí m'fhearsa i airteagal an bháis an uair sin, ach chom cinnte agus atá mé beo nuair a chuimil mé an barrach leis, d'imigh na pianta de agus bhí sé chomh maith agus bhí sé riamh.

AN CHÉAD BHEAN. Ba mhór an sgéal e!

AN DARA BEAN. Agus nuair a rith mé amach arís chum an mná do thabhairt asteach liom, bhí siad imithe, agus chuala mé guth, mar shíl mé, ag rá an dá líne seo:

    Bean chaoin ag fear borb
    Mac Dé 'na luí san gcolg.

AN CHÉAD BHEAN. Chulais, an ea!

AN DARA BEAN. Bhí brón agus náire orm dar ndóigh fá n-a ligean uaim mar sin gan buíochas ná aon rud do thabhairt di, mar dúirt mé liom féin go raibh sí naomhtha. Chuala mé go raibh sí imithe go Betlethem agus lean mé go dtí an stábla so í, óir shíl mé go mbeinn úsáideach di agus í sa ríocht sin. Dúirt siad liom go raibh sí ag an teach ósta cheana, agus nach raibh aon áit aca di, agus gur bh'éigin di teacht chun an stábla so.

AN CHÉAD BHEAN. Ó nach iontach é sin. Dúirt tú an fhírinne nuair a dúirt tú gur bean naomhtha do bhí inti.

AN DARA BEAN. Cá bhfios duit-se sin?

AN CHÉAD BHEAN. Mar rinneadh míorúil mhór di fá mo shúile féin. Mo bhrón agus mo léun géar! Rinne mise beart di seacht n-uaire budh mheasa ná rinne tusa. Faitíos roimh d'fhear do bhí ort-sa nuair d'eitigh tú lóistín na hoíche di, acht an cruas agus an chráiteacht do bhí in mo chroí féin do thug orm-sa í dhiúltú fá sheilíní a d'iarr sí orm. Bhí sí féin agus an fear atá lei ag gabhail tharm agus bhí an lá te meirbh brothalach, agus bhí crann mor seilíní in mo gharraí-sa. D'fheach sise suas orra agus shanntuigh sí iad. 'A bhean chóir', ar sise, 'tháinig mian orm cuid da na seilíní sin do bheith agam, b'éidir go dtuibharthá cuid aca dom.' 'Ní thiubhras,' arsa mise, 'do strainséar ar bith ag siúl an bhóthair mar thusa.' 'Tabhair dam iad má sé do thoil é,' ar sise go cóir, ciúin, caoin, 'óir níl mé i bhad ó bhreith mo leinbh agus shanntuigh mé iad go mór.'

ledge of it. But about midnight my husband was struck with sickness, and a great pain came on him of a sudden, as if his death was near. When I thought him to be dying, I was in dread; and I ran out to the people I had put in the barn, asking help from them.

THE FIRST WOMAN. God help us!

SECOND WOMAN. God help us, indeed! And when the woman that was lying on the stalks of flax heard my story, it is what she did: she took a flock of the husks of the flax that were on the floor, and said to me: "Lay that," she said, "on the place the pain is, and it will cure him." Out with me as quick as I could, and the husks in my hand, the same as they are now. My husband was on the point of death at that time; but, as sure as I am alive, when I put the husks on him, the pain went away, and he was as well as ever he was.

FIRST WOMAN. That is a great story!

SECOND WOMAN. And when I ran out again to bring the woman in with me, she was gone; and I heard a voice, as I thought, saying these two lines: —

"A meek woman and a rough man!
The Son of God lying in husks."

FIRST WOMAN. You heard that said?

SECOND WOMAN. There was grief and shame on me then, letting her from me like that, without giving her thanks, or anything at all; and I followed her on the morrow, for I said to myself that she was blessed. I heard she was gone to Bethlehem; and I followed her to this stable; for I thought I could be helpful to her, and she in that state. They told me she was not in the inn; and that there was no place at all for her to get, till she came to this stable.

FIRST WOMAN. Is not that wonderful? You said the truth when you said it was a blessed woman that was in it.

SECOND WOMAN. How do you know that?

FIRST WOMAN. Because she did a great marvel under my own eyes. My sorrow and my bitter grief! I did a thing seven times worse than what you did. It was fear before your husband was on you when you refused her the night's lodging; but the hardness and the misery in my own heart made me refuse her fruit she asked of me. She herself and the man that was with her were going by; and the day came close on her and hot, and there was a large tree of cherries in my garden. She looked up then, and she took a longing for them. "O right woman!" she said; "there is a desire come on me to have a few of your cherries; maybe you will give me a share of them." "I will not give them," said I, "to any stranger at all travelling the road like yourself." "Give them to me, if it is your

Ní'l fhios agam cad é an diabhal bhí in mo chroí, acht d'eitigh mé í arís. Ní luaithe bhí an focal as mo bhéal ná d'umhlaigh an crann mór é féin di, agus leig sé síos a ghéagáin thar an mballa, agus amach ar an mbóthar, gur chuir sí suas a lámh agus gur bhain sí a sáith de na seilíní.

AN DARA BEAN. Ba mhór an mhíorúil é gan amhras!

AN CHÉAD BHEAN. 'Sea agus tháinig brón orm na dhiaidh sin fá í dhiúltú, mar thuig me ansin go raibh lámh ag Dia inti agus rug mé an chraobh so liom im'láimh agus lean mé í go dtí an stábla so chum pardún d'iarraidh uirri.

AN DARA BEAN. Nach iontach é mar thangamar ann le chéile ar an tóir chéadna.

AN CHÉAD BHEAN. Shíl mé go mbeith cabhair ag teastáil uaithi óir duradar liom in san teach ósta nach raibh sí i bhfad ó bhreith a leinbh agus rinne mé deifir chomh maith agus bhí ionnam. B'éidir go mbeimid i n-am cunamh éigin do thabhairt di.

AN DARA BEAN. Buailfidh mé an doras.

AN CHÉAD BEAN. Fan go fóil. Tá strainseirí ag teacht aniar an bealach so.

AN CHÉAD BHEAN. 'Sea agus féach an taobh eile. Tá daoine móra ag teacht anoir. Caithfimid fanúint go rachaidh siad tharrainn.

(*Suíonn siad síos ar gach taobh den doras. Tagann ríthe gléasta go galánta asteach an taobh soir agus maoir ealaigh agus sípearaí an taobh siar.*)

Rí (*ag síneadh a mhéir suas*). A ríthe agus a cháirde, ní féidir go meallar mé. Nach bhfuil an réalt ró-iontach do leanamar chomh fada sin 'na seasamh anois gan chorudh, a n-aice linn os cionn an bhotháin seo.

MAOR. A cháirde, féachaí suas. Ní'l éan in san spéir nach bhfuil cruinnithe ós cionn an teachín seo.

Rí. Thángamar anois ó éirí na gréine, a bhfad a bhfad ó'n tír seo, ag leanúint an réilt sin atá anois 'na seasamh amach uainn. A shípéaraí, ca'r b'as tháinig sibh-se?

MAOR. Thángamar aniar ó dhul-faoi na gréine, a bhfad a bhfad ó'n tír seo.

Rí. Agus cad é do rug ann so sibh? Ní gan ábhar, dar liom-sa, castar sibhse agus sin-ne ar a chéile ag dorus an teachín seo.

MAOR. Do bhíomar 'n ár suí, tráthnóna amháin, go socair sásta ar chnocán féir, ag tabhairt aire do'n thread, agus chonnchamar d'aon phreab amháin rud do chuir iontas orrainn – óir na h-uain a bhí ag diúl na n-othaisg. Sguir siad d'á ndiúl agus d'fhéuch siad suas in san

will," says she, quiet, and nice, and gentle, "for I am not far from the birth of my child; and I have a great longing for them."

I don't know what was the bad thing was in my heart; but I refused her again. No sooner was the word out of my mouth than the big tree bent down of itself to her, and laid its twigs across the wall, and out on the road, till she could put out her hand and take her fill of the cherries.

SECOND WOMAN. That was a great miracle, without doubt.

FIRST WOMAN. It was so; and grief came to me after that for refusing her; for I knew by it that God had a hand in her. And I took this branch in my hand, and I followed her to the stable to ask pardon of her.

SECOND WOMAN. Is it not a wonder how we came here together on the same search?

FIRST WOMAN. I think she will be wanting help, for they said to me in the inn she was not far from the birth of her child; and I made as good haste as I could. Maybe we are in time to give her help yet.

SECOND WOMAN. I will knock at the door.

FIRST WOMAN. Do so.

SECOND WOMAN. Wait a while; there are strangers coming up this road from the west.

FIRST WOMAN. That is so; and look on the other side: there are great people coming from the east. We must wait till they go past. (*They sit down on either side of the door. Kings, finely dressed, come in at the east side; and herds and shepherds on the west side.*)

A KING (*pointing upwards with his hand*). Kings and friends, it is not possible I am mistaken. Is not the wonderful star we followed as far as this standing now without stirring over this place?

A SHEPHERD. O friends, look up. There is not a bird in the sky that is not gathered above this house.

A KING. We are come from the east, from the rising of the sun, a long, long way off from this country, following the star that is standing still over us now. Where are you come from, shepherds?

A SHEPHERD. We are come from the west, from the setting of the sun, a long way off from this country.

KING. And what is it brought you here? I dare say it is not without cause yourselves and ourselves are met at the door of this house.

SHEPHERD. We were sitting one evening quiet and satisfied on a grassy hill watching our flocks; and we saw all of a sudden a thing that put wonder on us. The lambs that were sucking at the ewes left off sucking, and they looked up in the sky; and the kids that

spéir, agus na miannáin do bhí ag ól in san uisge. Sguir siad d'á n-ól agus na d'fhéuch siad suas. Chuirfeadh sé iontas ar dhuine ar bith na miannáin bheaga sin d'fheicsint ag féachain suas chomh críona linn féin. D'fhéuchamar féin suas ann sin agus chonnchamar aingeal áluinn geal os ár gcionn. Agus tháinig eagla orrainn. Acht do labhair an t-aingeal agus dúirt sé linn go dtáinig áthas mór éigin ar an saol, agus ar seisean, imigí ar a thóir téidhí go Betlethem! 'Cá'uil sé sin?' arsa sinn-ne. 'I dtír a a dtugann siad Iúdá,' ar an t-aingeal, 'a bhfad a bhfad uaibh, an taobh-soir uaibh.' Ghléasamar orrainn an lá ar n-a mhárach, agus do bhí chuile shórt éin do bhí in san spéir ag imeacht romhainn, agus féach iad uile anois, cuid aca na luí ar chumhdach an tí agus no milte eile aca os a chionn in a neull mór. Is daoine ísle sinne. Maoir bhochta atá ionnainn. Ní cóir dúinn do bheith teacht ann so, acht go raibh eagla orrainn nuair a labhair an t-aingeal linn.

Rí. Is ríthe móra cumhachtacha atá ionnainn-ne. Thángamar a bhfad ó éirí na gréine. Ní'l aon rí na prionsa ins na tiortha seo ar chóir a chur i gcomórtas leis an stiúbhard is ísle dá bhfuil againn-ne. Agus támaoid críona. Ní'l aon eolas na críonacht d'á bhfuil le fáil fa'n ngrein nach bhfuil againn-ne. Acht fós do bhí sé sa tairngreacht go dtreoródh réult sinn go dtí an t'oide agus an múinteóir, do mhúinfeadh dúinn eolas agus críonacht an domhain go leir. Ag súil leis sin thángamar ag leanúint an réult seo. Agus anois a shípearaí innisí duinn-ne cad é do thug 'sibh-se ann so.

SIPÉARAÍ. Ní fhéadamaoid a rá i gceart créad do thug ann so sinn. Acht dúirt an t-aingeal linn go raibh áthas mór éigin tar éis teachta asteach ar an saol, agus leanamar na h-éanlaith seo ag dul ar thóir an áthais sin, agus thug na h-éanlaith sinn go dtí an áit seo.

Rí. Is cosúil ó thug an réalt-eolais sinn-ne agus ó thug na iontach ann. A cháirde cia bé sórt ruid atá in san stábla dúnta so, is cinnte go gcuirfidh sé eagla mór, nó áthas mór, nó b'éidir brón mór, ar na sipéaraí so agus orrainn-ne.

SIPÉAR. Tá sibh-se, uasal, mór, saibhir, críona, eolach ar chuile shórt, innisí duinn cad é atá in san stábla so.

Rí. Is fior go bhfuilmid uasal, onórach, eolach, cúmhachtach, ciallmhar, críona, acht ní fhéadamaoid sin innsint daoibh. Ní feasach duinn féin cad é an rud atá ann.

SIPÉAR. Innisí dúinn an mead so, ar chuma ar bith. An gcuirfidh sé sólas nó dólas, brón no lúghaire, meisneach nó eagla orrainn. Nach bhféadfaidh sibh sin innsint dúinn sul buailfimid an dorus dúnta so.

Rí. Is cinnte nach bhfuil daoine eile ar an domhan chomh foghlamtha linn féin. Is réaladóirí sinn a thuigeas imeachta na réalt agus gluasacht na spéire agus gach ní d'á bhfuil ar an talamh agus in sna néallghail agus fa'n talamh. Acht ag sin anois ní nach bhféadamaid a innsint duit.

SIPÉAR. Cia bhuailfeas an dorus?

were drinking at the pool stopped drinking and looked up. It would put wonder on any person at all to see the little kids looking up as wise as ourselves. We looked up then, and we saw a beautiful bright angel over our heads; and fear came on us; but the angel spoke, and he said to us that some great joy was coming into the world, and he said: "Set out now in search of it, and go to Bethlehem." "Where is that?" we asked. "In a country that is called Judea," said the angel, "a long, long way from you to the east." We made ourselves ready on the morrow; and there was every sort of bird that was in the sky going before us. Look at them all now, a share of them sitting on the roof of the house, and thousands of others above in a great cloud. We are all simple people, poor shepherds, it is not fitting for us to be coming here; but there was fear on us when we heard the angel speak.

KING. It is great powerful kings we are. We come from far off, from the rising of the sun. There is not a king or a prince in these parts is fit to be put beside the lowest steward we have. And we are wise. There is no knowledge or learning to be had under the sun that we have not got. But now we are brought by the guidance of that star to the Master and the Teacher that will each us all the knowledge and wisdom of the whole world. It is in that hope we are come following this star. And now, shepherds, tell us what is it you want here.

SHEPHERD. We cannot say rightly what we want here. But the angel told us there was some great joy coming into the world; and we followed the birds in search of that joy, and the birds came to this place.

KING. It is likely, since the star of knowledge led us, and the birds led you, to the one place, that there is some wonderful thing in it. O friends, whatever thing is in this closed stable, it is certain it will put great fear or great joy, or maybe great sorrow, on these shepherds and on ourselves.

SHEPHERD. You who are noble and great, and rich and wise, and learned in all things, tell us what is in this stable.

KING. It is true we are noble and honourable, and learned and powerful, and wise and prudent, but we cannot tell you that. We do not know ourselves what is the thing that is in it.

SHEPHERD. Tell us this much anyway, is it sorrow or joy, grief or gladness, courage or fear, it will put on us? Will you not tell us that before we knock at the closed door?

KING. It is certain there are no other persons in the world so learned as ourselves. We are astronomers to tell of the coming and going of the stars, and the ways of the heavens, and everything

Rí. Is í mo chomhairle daoibh-se an rí is oige d'á bhfuil againn-ne agus an sipéar is óige d'á bhfuil agaibh-se dul go dtí an dorus agus a bhualadh i n-eineacht.

Sipéar. Cad fath an rí is óige agus an sipéar is óige?

Ri. Nach bhfuil fhios agad nach mbíonn aon duine saor ó'n bpeaca ach amháin an naíonán nach bhfuair riamh faill chun pheaca a dhéanamh. An fear is óige againn is é is lú a fuair faill agus ócáid chum an peaca do dhéanamh, agus is é is féiliúnaí chum an doruis seo do bhualadh cia bé rud atá astigh ann.

Sipéar *(ag tarraingt amach sipéar eile)*. Is é seo an fear is óige againn-ne.

Rí *(ag tarraingt amach rí eile)*. Is é seo an rí is óige in ár gcuideachta.

(Téann an bheirt aca chum an doruis le chéile agus buailidh é. Fosgailtear an dorus ag Naomh Iósef *agus chidhtear an mainséar agus an naíonán insan mainséar agus an mhaighdean ghlórmhar cois an mhainséir ar a dá ghlún, agus a lámha fillte thairsti ar a brollach agus í ag guí.)*

Rí. Thángamar go dtí an dorus so chum onóra do thabhairt do Dhia agus d'on Té a chuir Dia uaidh. Ann so atá an múinteóir atá chum an domhan go léir do theagasg agus do chur ar bhealach a leasa. Taisbéan dúinn é agus fuagromaid é do lucht an eolais agus do dhaoine glice an domhain.

Sipéar. Thángamar-ne ar lorg an Té atá chum áthais do chur ar an domhan, agus chum lúghaire do chur i gcroithe na ndaoine. Taisbéan dúinn é agus fuagromaid é do shipéaraí agus do mhaoir agus do dhaoine umhla an tsaoil.

Naomh Iósef. Is mór an lúghaire atá orm sibh-se d'fheicsint ann so. Céad fáilte romhaibh, idir uasal agus iseal. Tigigí asteach agus taisbéanfaidh mé daoibh an Té sin a bhfuil sibh ar a thóir. Féach an Naíonán so in san máinséar. Is é sin Rí an domhain, agus cuirfidh sé tíortha an domhain faoi na chois fós.

Muir Mathair. Is é sin Mac Dé.

(Téidhid uile ar a ngluna.)

Rí. Thugamar tabhartais agus bronntanais linn. Leig dúinn iad a thairgsint daoibh.

Muire Mathair. Siúl go socair ciúin no dúiseoidh sibh an Naíonán.

Rí. Is mise an fear is sine in ár gcuideachta. Siulfaidh mé go socair agus ni dhúiseoidh mé an Naionan.

Sipéar. Is mise an fear is sine in ár measg-na. Leig dúinn ár

Dráma Breithe Chríosta / The Nativity

that is on the earth and in the clouds and under the earth. But for all that we cannot tell you this thing.

SHEPHERD. Who will knock at the door?

KING. It is my advice to you now: the king that is youngest of us, and the shepherd that is youngest of you, to go to the door and to knock together.

SHEPHERD. Why do you say the youngest king and the youngest shepherd?

KING. Do you not know there is no person free from sin but only infants that have never found occasion of doing it? The man that is youngest of us, it is he found least occasion to do wrong; and he is the best fitted to knock at this door, whatever there may be inside it.

SHEPHERD (*leading out another shepherd*). This is the man that is youngest among us.

KING (*leading out another king*). This is the youngest king in our company.

(*The two go to the door together and knock at it. The door is opened by St. Joseph, and the manger is seen, and Mary Mother kneeling beside the manger on her two knees, her hands crossed on her breast, and she praying.*)

KING. We are come to this door to do honour to God, and to Him that God has sent. It is here all the people of the whole world will be taught, and will be put on the road that is best. Show Him to us; and we will proclaim Him to all the people of knowledge, and the learned people of the world.

SHEPHERD. We are come in search of Him who is come to put joy in the world, and to put gladness in the hearts of the people. Show Him to us; and we will give news of Him to the herds and the shepherds, and the simple people of the whole world.

ST. JOSEPH. It is great my gladness is to see you here. A hundred welcomes before you, both gentle and simple. Come in, and I will show you Him you are in search of. Look at this baby in the manger. It is He is King of the World, and He will put all the countries of the world under His feet.

MARY MOTHER. He is the Son of God.

(*They all go on their knees.*)

KING. We have brought gifts and offerings with us. Let us show them to you.

MARY MOTHER. Walk softly and quietly, that you may not awake the Child.

A KING. I am the king is oldest in our company. I will walk softly, and I will not awake the Child.

A SHEPHERD. I am the man is oldest among us; let us give our

dtabhartais bhocht a thabhairt daoibh mar an gcéadna. Siúlfaidh mé go ciúin. Ní dhúiseoidh mé an leanbh.

Rí. Thugamar linn ó éirí na gréine ór agus túis agus miorr agus cuid de gach seod mor uasal luachmhar d'á bhfuil sa domhan no ar dhroim na tálún. Ní féidir leis an domhan aon ní do thabhairt nar thug sinn-ne linn é, agus thugamar rud eile nach bhfuil ag an domhan le tabhairt: eolas agus críonacht agus tuigse ar gcroí féin. Atámaoid d'a gcruinniú sin le blianta ó óige go sean-aois, le na chur i gceann na seod eile so.

(*Cuireann sé síos ór agus spíosra agus seoda eile i láthair* AN NAÍONÁIN.)

SIPÉAR. Thugamar lomraí agus cáise agus uainín beag linn mar bhrontanais. Ní'l aon rud eile againn le n'ofráil. Támaoid aosta anois, agus fuaireamar an chríonacht so ó Dhia nach bhfuil aon iobhairt is fearr le tabhairt uainn 'ná na neithe do thug Dia dúinn.

(*Cuireann sé síos a chuid bhrontanas féin. Tá na mna ag féachaint asteach i mbéal an doruis.*)

AN CHÉAD BHEAN. Ó! An bhfacha tú sin!

AN DARA BEAN. Mo léun geur tusa gus mise!

AN CHÉAD BHEAN. 'Rí an Domhain' dúirt sé. Ó! Nach sinne na peacaigh míadhamla.

AN DARA BEAN. Tá mé caillte go bráth. Ní bheidh aon mhaithiúnas agam le fáil agus an rud a rinne mé.

AN CHÉAD BHEAN. Ná agam-sa.

AN DARA BEAN. Ní raibh tusa chomh cionntach liom-sa.

AN CHÉAD BHEAN. Imeómaoid agus rachamaoid áit éigin fa sgeilp carraige nó i bpoll fa'n talamh nó i lár na coille.

AN DARA BEAN. Sea, brostuigh ort go mbeimid i bhfolach.

(*Eiríonn* MUIRE MÁTHAIR. *Síneann sí amach a dhá laimh agus deir sí leis na mná ag sméideadh orra.*)

MUIRE MÁTHAIR. Gabh a leith. Tarr chum an chliabháin so. Tá Mac Dé in san chliabhán agus ní'l in a chliabhán ach máinséar. Acht fós is Rí an Domhain é. Tá fáilte roimh an domhan go léir ag teacht chum an chliabháin ach is é an té atá ag iarraidh maithiúnais is mó a bhfuil fáilte roimhe.

(*Téann an bheirt bhan ar a nglúna.*)

(*Tagann aingil bheaga agus seasaid ar ardán ar gach taobh de'n stábla, agus robaí glégeala orra agus falainge orra mar néallta soilseacha na maidne. Tógaid a gcuid stoc agus séidid go caoin.*)

MUIRE MÁTHAIR. Éist leis na h-ainglibh. Ainglibh De.

AINGIL. Céad fáilte roimh an domhan chum air chliabháin so. Fuagramaoid síochán. Fuagramaoid dea-thoil. Fuagramaoid áthas do'n domhan go léir.

(*Tógaid a gcuid stoc agus séidid go fíor-bhinn fada.*)

poor gifts to you like the others. I will walk softly; I will not awake the little One.

KING. We have brought from the rising of the sun, gold, and frankincense, and myrrh, and a share of every noble precious treasure there is in the world. It is not possible for the whole world to give a thing we have not with us; and we have brought another thing the world has not to give, the knowledge and sense and wisdom of our own hearts. We have been gathering it through the years, from youth to old age; and we put it first of all these things. (*They lay gold and spices, and other treasures before the Child.*)

SHEPHERD. We have brought fleeces, and cheeses, and a little lamb with us as an offering. We have no other thing to give. We are old now, and we have got this wisdom from God, that there is nothing better worth giving than the things God has given to us. (*They put down their own offerings. The two women come round to the front.*)

THE FIRST WOMAN. Oh, do you see that?

SECOND WOMAN. King of the World, he said! Oh, are we not the unhappy sinners?

FIRST WOMAN. My bitter grief for myself and yourself!

SECOND WOMAN. I am lost for ever. There is no forgiveness for me to find for the thing I did!

FIRST WOMAN. Nor for myself.

SECOND WOMAN. You were not so guilty as I was.

FIRST WOMAN. Let us go; and let us hide ourselves under some scalp of a rock, in a hole in the earth, or in the middle of the woods!

SECOND WOMAN. Let us then hasten that we may hide ourselves.

MARY MOTHER (*rises up and stretches out her hands, beckoning to the women*). Come over here. Come to this cradle. The Son of God is in this cradle, and His cradle is nothing but a manger. But yet He is King of the World. There is a welcome before the whole world coming to this cradle; but it is those that are asking forgiveness will get the greatest welcome.

(*The two women fall on their knees.*
Child angels come and stand on the rising ground at each side of the stable, and shining clothes on them like the colours of the morning. They lift their trumpets and blow them softly.)

MARY MOTHER. Listen to the angels, the angels of God!

AN ANGEL OF THEM. A hundred welcomes before the whole world to this cradle. We give out peace; we give out goodwill; we give out joy to the whole world! (*They take their share of trumpets up again, and blow them long and very sweetly.*)

THE END.

PLEUSGADH NA BULGÓIDE
OR
THE BURSTING OF THE BUBBLE

PLEUSGADH NA BULGÓIDE
OR
THE BURSTING OF THE BUBBLE

NA DAOINE

Mac Eathfaidh	Fhear-Ionaid An Righ
Mac Ui Dúidín	Bean Fhir-Ionaid An Righ
Mac Ui Tráill	Aide-De-Camp
Mac Ui Triaill	Dochtúir Mac H-Aitcinn
Mac Ui Fhinn	An tSean-Bhean Bhocht
Bean Mhic Ui Fhinn	Doirseóirí, etc.

ÁIT

An Seomra Coitionn i gColáiste na Bulgóide. Tá mórán ollamh agus profiosúr 'na sui no 'na seasamh ann, agus gúnai agus birréada ar chuid aca.[1]

Mac Eathfaidh (*ag caint le fear eile*).[2] Yeth Thir, the whole thing's a thwindle, this Irish language business was never meant to be anything else.

An Fear Eile.[3] How a swindle?

Mac Eathfaidh.[4] A thwindle I tell you in every pothible way. In the firth place there's no Irish language at all. There may have been one a thousanth yearth ago, which I'm doubtful of, but thertainly there is none now.

An Fear Eile.[5] But don't they teach it in the Intermediate?

Mac Eathfaidh. That's where the thwindle comes in. I have the

---

1. *i.e.*, The Bursting of the Bubble. A comedy in one act. *Dramatis Personae* – Magaffy, Mac Ee Doodeen (the son of the little pipe), Mac Ee Thraule (the son of the slave), Mac Ee Treeal, Mac Ee Finn, Mac Ee Finn's wife, the Viceroy, the wife of the Viceroy, Aide-de-camp, Dr. Mac Hatkin, the Poor Old Woman, Porters, etc.
    Scene. – The Common room in the Bubble College. Many ollamhs and professors sitting and standing about, caps and gowns on some of them. [*The word* bulgóid, *'bubble,' bears a suspicious resemblance to* Trionóid *'Trinity.'* – *Translator's Note.*]
2. Magaffy, talking to another man.
3. The other man.
4. Mafaffy.
5. The other man.

beth pothible reason for knowing that what they call their modern language is an appalling jargon. It's really only a theries of grunts and thqueals and snorts and raspings in the throat. Finn tells me he can't understand a wodh of it. All our experths say it has no grammar of any kind. It is not rich enough to expreth the most commonplaith ideas and it's inexpethibly indethant; and this, if you plethe, is the stuff that is being taught and paid for, at the expenth of os taxpayers.

AN FEAR EILE. But I hear they set papers. It does seem a scandal!

MAC EATHFAIDH. Thcandal! I should think so. It's the greatest thcandal I remember since I first dined at the Castle. I've said so in the Blagardeum. It's a dodge to secure money without earning it.

AN FEAR EILE. How so? For I'm told the Irish language, or something that passes for it, is taught in many schools now like anything else?

MAC EATHFAIDH. Taught! What nonthense! Don't you underthand by this time that these fellows know, in pointh of fact, leth about their own language than we do? Why, they simply loathe it. Ninety per thent of them desire to have done with it altogether. I said that plainly to the Commithionners. Why, all the modern cultivation of the Irish language originated here in our own College. Old Gammon told them that.

AN FEAR EILE. But haven't they an Irish Examiner?

MAC EATHFAIDH. They had a thing that passed for one; but as they don't really know their own language, I've got them a Ruthian from St. Petersburg to examine them this year, and next year I'm thinking of a Mongolian Tartar, recommended to me by my friend the King of Greece, who perhapth you don't know, is an exthellent linguitht. He said to me one day 'Magaffy,' said he . . .

AN FEAR EILE. Yes! yes! Then they don't teach Irish after all.

MAC EATHFAIDH. Here's what they do. If a boy can write down the jargon for 'I am, you are, he is,' they'll give him a hundred per thent of marks and secure the money for some low school of theirs.

AN FEAR EILE. You mean their examiners over-mark their boys.

MAC EATHFAIDH. Yeth, of course. And even that confounded Ruthian is not to be trusted. He's turning out as bad as any of them, with his over-marking. Now I go on the printhiple that all marks given to Irish *muth* be over-marks, because the thubject itself is so disguthing.

AN FEAR EILE. I don't quite follow that.

MAC EATHFAIDH. Bah! There's nothing strange in what I say. It's an old, sound principle; we've always applied it here.

AN FEAR EILE. Yes, you may. But how about the examiners?

MAC EATHFAIDH. It's true the Ruthian turned out to be a man without any common thense, but now I've this Mongolian Tartar,

Pleusgadh na Bulgóide / The Bursting of the Bubble

who, I can tell you, is a prudent fellow. He has got from me a straight hint for the year after next, if he wanth to be kept on. My friend the King of Greece, as I was just telling you . . .

AN FEAR EILE. Yes, yes! I understand; but tell me this – are the papers too easy.

MAC EATHFAIDH. Just look at them. (*Tarraingeann sé amach as a phóca iad.*[6])

N FEAR EILE. This is the composition paper. (*Ag léigheadh.*[7]) Translate 'The buttermilk was left in the churn.' By the way, how would you say that in Greek, Magaffy? I suppose the Greeks churned butter?

MAC EATHFAIDH. A Greek, of courthe, would say – of courthe, a Greek would say . . . Oh, but the whole thentence is ridiculouth!

AN FEAR EILE. I suppose it could be said in Irish, however.

MAC EATHFAIDH. I very much doubt it. The language, or jargon rather, is extremely impoverished, besides being wholly vulgar, filthy and disguthing, as our experths have shown. I totally dithbelieve that any body of men ever carried on a rathional conversation in what they call Irish. Give me those papers, pleath; the very look of them geths on my nerves.

(*Fáisgeann sé iad in a láimh agus caitheann sé amach as an bhfuinneóig iad.*[8])

AN FEAR EILE. That's the best thing to do with them. Why not petition Government and get them to purge Irish Intermediate Education. Would it want an Act of Parliament?

MAC EATHFAIDH. Well, I'm always writing to the English papers. I do more than my share of the work. Do you know the ignorance of these native Irish, even of men of pothition amongst them, is something colossal. They have never yet learned that there was never any such thing as an Irish nation nor an Irish literature, nor, I firmly believe, an Irish language either.

AN FEAR EILE. It's wonderful – in spite of Stoneyhurst!

MAC EATHFAIDH. But I was telling you what the king said to me. We were chaffing one another over a whiskey and soda, 'Magaffy,' he said . . . Hullo! what's this?

(*Tá sean-bhean árd agus falaing ghorm ghiobalach uirri tar éis teachta asteach. Tagann sí suas tríd an seomra agus síneann sí amach na páipéarai ceadna do chaith* MAC EATHFAIDH *as an bhfuinneóig.*[9])

---

6. He pulls them out of his pocket.
7. Reading.
8. He squeezes them up in his hand and throws them out of the window.
9. A tall old woman with a ragged blue cloak around her is after entering. She comes forward through a hall and holds out the same papers that Magaffy had thrown through the window.

Selected Plays of Douglas Hyde

AN TSEAN-BHEAN.[10] You have thrown out these. I have brought them back to you.

MAC EATHFAIDH. Woman, you've no right to be here. How did the porters let you pass? Go out at once.

OLLAMH EILE.[11] Oh, that's the old apple woman who talks Irish outside the College. I expect she's a seditious old woman.

MAC UI TRAÍLL. She's an old Irish she-rebel. She looks like one anyway.

FEAR EILE. That's the long blue cloak of the Irish women she's wearing. I declare I thought we had killed that dress with the rest of it.

MAC UI TRIAILL. Old woman, will you be so good as to get out of that.

FEAR EILE. How dare you come in here? You know the Junior Dean gave express orders that you were never to be let inside the college gate.

MAC EATHFAIDH. I'll put her out. (*Cuireann sé a lámh ar a gualainn agus sáitheann sé í.*[12])

AN TSEAN-BHEAN. (*Go colg-díreach, ar mhódh go bhféachann sí níos áirde 'ná roimhe sin, agus ag síneadh amach a láimhe agus slat inntí.*[13]) Ye miserable men who have reviled me, ye slaves who belong to no country, ye have insulted me, pushed me, despised me. I now lay it upon you by the virtue of my curse that the thing which in this world ye most loathe and dread shall instantly come upon you. (*Imíonn sí ag siúl go mall agus go staidiúil.*[14])

MAC EATHFAIDH. Tá an tsean-chailleach imithe.[15]

MAC UI TRIAILL. A Mhic Eathfaidh, ní féidir gur ag labhairt Gaeilge atá tu![16]

MAC UI DÚIDÍN. Nach i nGaeilg do chuir tu féin an cheist air! Shaoil mé nach raibh focal di agad. A Mhic Eathfaidh ná cuir náire orrainn, labhair Béarla.[17]

MAC EATHFAIDH. I'm tr' tr' tr' tr'. O, a Thiarna, ní féadaim. Ta h-uile fhocal do bhí agam ariamh imithe glan as mo cheann.[18]

OLLAMH EILE. An' an' an'a' a' a' agus as mo cheann-sa.[19]

---

10. The old woman.
11. Another professor.
12. He puts his hand on her shoulder and pushes her.
13. Straight-as-a-sword, so that she appears taller than before, and stretching forth her hand with a wand in it.
14. She departs, walking slow and stately.
15. The old hag is gone.
16. Magaffy, it cannot be that it is speaking Irish you are!
17. Was it not in Irish that you yourself put the question to him. I thought you had not a word of it. Magaffy don't shame us, speak English.
18. I'm tr' tr' tr'. Oh Lord, I cannot. Every word that ever I had is clean gone out of my head.
19. an' an' an' and out of my head.

Pleusgadh na Bulgóide / The Bursting of the Bubble

MAC EATHFAIDH. A' a' a' a' agus as mo cheann-sa freisin.[20]
OLLAMH EILE. O! a Dhé, cad dhéanfamaoid, O! Támaoid fa dhraíocht.[21]
MAC UI TRIAILL. O! sin an mhallacht d'fhág an tsean-chailleach orrainn, an rud bhudh mheasa agus bhudh ghráiniúil linn san domhan do theacht orrainn anois.[22]
MAC EATHFAIDH. O sin é! sin é! Ní thug mise fuath d'aon rud riamh chomh mór agus do theanga na tíre malluithe seo, agus is í sin go díreach chuir sí in mo bhéal.[23]
MAC UI DUÍDÍN. Mo náire thu a Mhic Eathfaidh! Duine-uasal críochnuithe mar thusa, ag labhairt Gaeilge go díreach mar tréatúr no rebel as an gConnradh na Gaeilge sin.[24]
MAC EATHFAIDH. Dún do bhéal, thu féin, a shean-phéisteóg na leabhar. Ná bí thusa ag caint mar spailpín as Chondae Mhuigh Eó. Ní siúlfainn Sráid Grafton in do chuideachta ar chéad púnta, muna stopann tu an glafairneacht sin.[25]
OLLAMH EILE. A dhaoine-uaisle, a dhaoine-uaisle, ná togaí an clampar so. Nach bhfuilmid uile go léir fá an draíocht chéadna? Labhair Gearmáinis a Mhic Eathfaidh no Francís.[26]
MAC EATHFAIDH. Ich, ich ich – O! ní fhéadam. Bhfuil fear ar bith againn ann so a bhfuil aon teanga aige acht an Ghaeilg dhamanta so?[27]
IAD UILE.[28] Ní'l.[29]
BEAN MHIC UI FHINN (*ag teacht asteach*).[30] Gentlemen, excuse my coming into your room, but I've great news. The Lord Lieutenant and Her Excellency are below, they have just arrived and wish to be shown over the college informally. Edward, will you come down and I'll introduce you.

---

20. a' a' a' and out of my head.
21. O God, what shall we do? Oh, we are under enchantment.
22. Oh that is the curse the old hag left upon us, that the thing we loathed and hated most in the world should now come upon us.
23. Oh, that is it, that is it. I never conceived a hatred for anything so much as for the language of this accursed country, and it is precisely that which she has put into my mouth.
24. My shame you are, Magaffy, a finished gentleman like you speaking Irish, just like some traitor or rebel out of that Gaelic League!
25. Shut you own mouth you old worm of the books. Don't be talking, you, like a spalpeen from the county Mayo. I wouldn't walk through Grafton Street in your company for a hundred pounds unless you stop that gibberish.
26. Gentlemen, gentlemen, don't raise dispute. Are we not all under the same enchantment? Speak German, Magaffy, or French.
27. Ich, ich, ich – oh, I can't. Is there a man of us here who has any other language than this damned Irish?
28. They all.
29. There is not.
30. Finn's wife, entering.

Selected Plays of Douglas Hyde

MAC UI FHINN. A Mháire, a Mháire, tá mé fa dhraíocht.[31]

A BHEAN.[32] What's that you say?

MAC UI FHINN. Tá mé fa dhraíocht. Ní fhéadaim acht Gaeilg labhairt.[33]

A BHEAN. Gaelic! Does that mean Irish? It's perfectly disgusting of you – though you are my husband! How can you be so low-minded?

MAC UI TRÁILL. Níl aon neart aige air, a bhean-uasal, támaoid go léir fa dhraíocht ann so.[34]

BEAN. I could not have believed it. Edward, if you don't talk English to their Excellencies I will never speak to you again.

MAC UI FHINN. Acht a Mháire, a mhúirnín, nach bhféiceann tu nach bhféadaim![35]

BEAN. I never heard anything so low in all my life. (*Sgairteann sí ar caoineadh.*)[36] Oh, poor mother! If she could have foreseen that I was marrying a man who would talk in Irish the very day their Excellencies did us such an honour in visiting us.

MAC UI TRIAILL. Cuir i gcéill dí go bhfuilmid fa dhraíocht.[37] (*Tagann siad uile thimchioll uirri, craitheann siad a gcinn agus sínid a gcuid méar le n-a mbéalaí ag rá 'níl Béarla, níl Béarla, níl, níl, níl'.*)[38]

BEAN. You, you're mad. Oh, you're all mad! Quick, quick, they're coming, you *must* speak English, I tell you. Here, Edward, say this after me – 'your Excellencies are welcome' –

MAC UI FHINN. Yo' yo' yo', eh' eh' eh', a' a' a'. Níl aon mhaith ann a Mháire, ní fhéadaim.[39]

BEAN. (*le* MAC UI TRÁILL).[40] Surely you can say it, come now, after me, 'your Excellencies are welcome.' Say 'your' –

MAC UI TRÁILL. Yo'.

BEAN. 'Excellencies' –

MAC UI TRÁILL. ĕh ĕh ĕh –

BEAN. My God! he can't say it either. I see he can't. Who can? Dr. Magaffy, surely you must be able – say 'your Excellencies.'

---

31. Mary, Mary, I am under enchantment.
32. His wife.
33. I am under enchantment. I can talk nothing but Irish.
34. He has no help for it, lady. We are all of us under enchantment here.
35. But Mary darling, do you not see that I cannot?
36. She bursts out crying.
37. Make her understand that we are under enchantment.
38. They all come round about her. They shake their heads and point their fingers to their mouths, saying, 'no English, no English, no! no! no!'
39. Yo' yo' yo', eh' eh', a' a' a'. There is no use in it, Mary. I am not able.
40. Lady (to Mach Ee Thraul).

MAC EATHFAIDH. Yo' yo' yo' – ni fhéadaim.⁴¹

BEAN. Oh, what awful, awful thing has come over them? And their Excellencies waiting below all that time! Who'll go down and receive them? (*Imíonn sí ag fásgadh a dá láimh.*)⁴²

MAC EATHFAIDH (*le* MAC UI TRÁILL).⁴³ Gabh, thusa, 'na gcoinne agus tabhair suas leat iad.⁴⁴

MAC UI TRÁILL. Gabh, thú féin! Ní fhaca mé an lá fós nach mbeitheá ag léimnigh as do chroicionn, ag cur fáilte níos luaithe 'ná aon duine eile roimh duine ar bith as an gCaisléan. Amach leat anois!⁴⁵

MAC EATHFAIDH. A Mhic Uí Triaill, gabh, thusa, 'na gcoinne. Is tú an sgoláire is fearr d'á bhfuil againn. Caithfidh tusa a dtabhairt suas. B'éidir gur chuala siad trácht ar do litreacha Chaesar.⁴⁶

MAC UI TRIAILL. Go raibh maith agad, a Mhic Eathfaidh, acht seo Mac Uí Dúidín anois a bhfuil cáil mór air mar sgríobhnóir Béarla, agus rachaidh seasean. Tá aithne ag h-uile dhuine air-sean. (*Tiomáineann sé Mac Uí Dúidín roimhe.*)⁴⁷

MAC UI DÚIDÍN (*ag dul as uaidh*).⁴⁸ Go raibh maith agad-sa, acht ní maith liom an onóir. Tá fhios agaibh go léir gur fear cúmhal mé.⁴⁹

DOIRSEOIR (*ag an dorus*).⁵⁰ Their Excellencies the Lord and Lady Lieutenant of Ireland and Suite.

(*Tagann Fear-ionad-an-Rí agus a bhean agus a aide-de-camp agus beirt no triúr de mhna uaisle eile asteach.*)⁵¹

MAC EATHFAIDH. Céad fáilte roimh do Mhórdhacht. Céad fáilte roimh do chéile!⁵²

FEAR-IONAID-AN-RÍ. How do you do, Magaffy. I think I had the pleasure of meeting you before.

---

41. Yo' yo', – I cannot.
42. She goes out, wringing her hands.
43. Magaffy to Mac Ee Thraul.
44. Go, you, to meet them and bring them up with you.
45. Go yourself. I never saw the day yet that you would not be leaping out of your skin welcoming, before anybody else, any person who came from the Castle. Out with you now!
46. Mac Ee Treeal, do you go and meet them. You're the best scholar we have here. You must bring them up. Perhaps they have heard talk of your 'Letters of Caesar.'
47. Thank you, Magaffy; but here's Mac Ee Doodeen now, who has a great reputation as an English writer, and he'll go. Every one likes him. (He pushes Mac Ee Doodeen before him.)
48. Mac Ee Doodeen (escaping from him.)
49. Thank you! but I don't desire the honour. Ye all know that I am a shy man.
50. Porter (at the door).
51. The Lord Lieutenant enters with his wife, two or three other ladies, and an *aide-de-camp*.
52. A hundred welcomes to your Greatness! a hundred welcomes to your consort!

Selected Plays of Douglas Hyde

MAC EATHFAIDH. Tá áthas orm do Mhórdhacht d'fheicsint in ár gColáiste bocht.[53]

FEAR-IONAID. I know you're an excellent Greek Scholar, Magaffy, but I'm afraid it's so long since I left college, that I don't quite – quite – ah' –

MAC EATHFAIDH (*leis na h-ollúna eile*).[54] Och! gan an talamh d'ár slugadh.[55]

FEAR-IONAID. I don't quite, ah, follow you, don't you know. Please introduce me to these gentlemen in English.

MAC EATHFAIDH (*de leath-thaoibh*).[56] O! a Thiarna, nach mise an díol trua![57]

FEAR-IONAID (*go mi-shásta*).[58] Magaffy, we all know your great learning, but please don't give us any more of it now. (*Téann sé thairis, agus síneann sé amach a lámh chum an Ollaimh* MHIC UI TRIAILL.)[59] You, sir, I also seem to have met before.

MAC UI TRIAILL. Ní fhaca mé do Mhórdhacht ariamh.[60]

FEAR-IONAID. What, more Greek! gentlemen, gentlemen, be so good as to receive the representative of your Sovereign in your Sovereign's language.

MÓRÁN GUTH.[61] Faraor geur! ni fhéadamaoid![62]

FEAR-IONAID (*go feargach*).[63] Gentlemen, this is really going beyond a joke. I order – I command you – to stop speaking Greek and to speak in English.

GOTHANNA.[64] Ní fhéadamaoid.[65]

FEAR-IONAID (*ag tionntú d'á* AIDE).[66] For God's sake, Crofton, tell me are these men mad!

AIDE-DE-CAMP. I don't know, sir. The whole thing is most extraordinary.

BEAN AN FHIR-IONAID.[67] Come away, Charles. The thing is quite clear. Our English coachmen don't know Dublin and they have brought us to the lunatic asylum instead of the University.

---

53. I am deligted to see your Greatness in our poor College.
54. Magaffy (to the other professors).
55. Oh, it the ground would swallow us!
56. Magaffy (aside).
57. O Lord! am I not the object of pity!
58. Viceroy (dissatisfied).
59. He goes past him, and stretches out his hand to Professor Mac Ee Treeal.
60. I never saw your greatness.
61. Many voices.
62. Bitter, alas! we cannot.
63. Viceroy (angrily).
64. Voices.
65. We are not able.
66. Turning to his *aide*.
67. The Lord Lieutenant's wife.

Pleusgadh na Bulgóide / The Bursting of the Bubble

DOIRSEOIR (*ag cur láimhe chum a bhirréid*).⁶⁸ No, your Excellency, beg your Excellency's pardon, this is the University.

AIDE-DE-CAMP. Oh, here's Dr. Mac Hatkin, the greatest linguist in Dublin. I luckily met him at the Academy. He'll interpret. (*Tagann* DOCHTÚIR MAC HAITCINN *asteach*.)⁶⁸ᵃ

FEAR-IONAID. Dr. Mac Hatkin, will you kindly explain to us why these gentlemen will only answer us in Greek.

DOCHTÚIR MAC HAITCINN. My lord, I mean your Excellency, I don't understand your question.

MAC EATHFAIDH. A Mhic hAitcinn a chroí, cuir í gcéill dó go bhfuil brón áibhéal orrainn, acht ní'l focal Béarla ag duine ar bith againn; támaoid uile go léir fa dhraíocht.⁶⁹

FEAR-IONAID. There now, Dr. Hatkin, please interpret.

DOCHTÚIR MAC HAITCINN. Magaffy, what on earth are you saying?

MAC EATHFAIDH. Chuir an tsean-chailleach fa dhraíocht sinn.⁷⁰

DOCHTÚIR MAC HAITCINN. I am astounded. Sir, this must be an effect of the great heat, for this is no language at all. It is a kind of muttering only. It is not language.

MAC UI TRIAILL. Óra nach tu an mealltóir! Nach tu an rógaire thar bárr. Do leig tú ort nach raibh duine i n-Éirenn do thuig an teanga mhalluighe seo chomh maith leat féin, agus anois is follus nach dtuigeann tu focal di.⁷¹

DOCHTÚIR MAC HAITCINN. Sir, I certainly caught a couple of Japanese sounds in that, (*ag crathadh a chinn*),⁷² but it's not Japanese. I know it is not, for I know every language.

GOTHANNA.⁷³   Ora an bithiúnach.
              Ora an fealltóir, &c.⁷⁴

DOCHTÚIR MAC HAITCINN. No my lord, it's no language. I'm confident of that, it's the heat that has done it. It's a disease not unusual in these climates, my lord.

GUTH. Bréagadóir!⁷⁵

DOCHTÚIR MAC HAITCINN. Stop! Could it be Irish. *That* was Irish.

---

68. Porter, putting his hand to his cap.
68a. Dr. MacHatkin comes in.
69. Dear Hatkin, make him understand that there is awful grief on us, but not a man of us here has a word of English. We are all under enchantment.
70. The old hag put us under enchantment.
71. Oh, are not you the deceiver, are not you the consummate rogue. You pretended that there was not person in Ireland who understood this accursed tongue as well as yourself, and now its plain you do not understand a word of it.
72. Shaking his head.
73. Voices.
74. Oh, the villain; oh the deceiver.
75. Liar.

BEAN AN FHIR-IONAID (*ag leagadh a láimhe ar ghualainn an Fhir-Ionaid*).⁷⁶ Come away, Charles. Don't you see these men are all drunk, every one of them. (*Do ghnídh sí cogar go dúrachtach in a chluais, ag rá ruid éigin leis*).⁷⁷ O do come away.

MAC UI TRÁILL. Nach dtuigeann tu Gaeilg a bhithiúnach! Agus sinne i gcónaí ag rá nach raibh aon Ghaeilgeoir i n-Éirinn acht thú féin!⁷⁸

DOCHTÚIR MAC HAITCINN. Oh, my lord, it's Irish, it's Irish. I'm confident now it's Irish.

FEAR-IONAID. Speak to them in Irish, Dr. Hatkin, and ask them then what the devil is the matter with them. I was told when I was coming here that these people were loyal. If this is Irish it simply means treason.

MAC HAITCINN. Cad ró tharla – no! that brings in the sign of completed action, the ro, twice – cad – rala – díb – a fhoirend?⁷⁹

MAC UI TRIAILL. Cad tá sé ra?⁸⁰

MAC HAITCINN. Nochá tuicthí mé?⁸¹

MAC UI TRIAILL. Tuig an-ea? An dtuigeann tusa mise a leithpriocháin na feusóige? O nach mór do bhí an coláiste seo meallta ionnat!⁸²

FEAR-IONAID. Dr. Hatkin, will you now tell us what is all this. What is this man saying?

MAC HAITCINN (*do leath-thaoibh*).⁸³ I don't know. (*Os árd agus go tapa réidh*).⁸⁴ He is saying, your Excellency, that it gives him and all his colleagues the greatest pleasure to welcome your Excellency to this college.

FEAR-IONAID. Ask them then, why they don't speak English. Do you understand Irish yourself?

MAC HAITCINN. Yes, my lord, perfectly. I understand all languages.

FEAR-IONAID. Then ask them.

BEAN AN FHIR-IONAID.⁸⁵ Charles, do come away; it's what I told you.

---

76. The Lord Lieutenant's wife laying her hand on the Viceroy's shoulder.
77. She whispers earnestly in his ear telling him something.
78. Villian, don't you understand Irish. And we always saying that there was no other Irish scholar in Ireland but yourself.
79. What has happened to ye, O troop. (This is an attempt at Old or Middle Irish. – Translator.)
80. What is he saying?
81. Do ye not understand me? (Middle Irish.)
82. Understand, is it? Do *you* understand *me*, you leprechaun of the beard. Oh, was it not greatly this college was deceived in you.
83. Aside.
84. Aloud and volubly.
85. The Viceroy's wife.

Pleusgadh na Bulgóide / The Bursting of the Bubble

FEAR-IONAID. Patience, Jane, one moment.

MAC HAITCINN. Cad – dobeir – erub – gan – labrad – Sacs – Belra?[86]

MAC UI TRIAILL. An tsean-chealleach mhalluithe, adúirt mé leat. Do chuir fa dhraíocht sinn leath-uair ó shoin.[87]

FEAR-IONAID. What does he say?

MAC HAITCINN. He is saying, sir, that it is the excessively hot weather that has made him unable to express himself in English. He adds that he hopes your Excellency will excuse him, but he was sure you would be pleased with the linguistic novelty. (*Do leath-thaoibh.*)[88] Yes! I'm sure now it's Irish, but of a debased type.

MAC UI TRÁILL. O éistí leis anois a cháirde![89]

FEAR-IONAID. Will you kindly ask them, Dr. Hatkin, if they mean this for an insult?

MAC HAITCINN. Tá céile an rí ag rá – ag rá – ag rá – [90]

MAC UI TRÁILL. An gcluin sibh anois é? 'Ceile an rí,' adeir sé! céile an rí![91]

MAC UI TRIAILL. Abair le n-a mhórdhacht go bhfuilmid uile díleas do'n rí agus díleas do'n rialtas, mar bhíomar riamh. Támaoid anois fa dhraíocht, acht má tá athrú teanga orrain ní'l aon athru inntinne.[92]

FEAR-IONAID. Well, Dr. Hatkin?

MAC HAITCINN. He says, sir, that he has been reading a great many books in Irish of late, and that he has been greatly impressed by the beauty of the language. In that, however, I hold him to be utterly mistaken.

FEAR-IONAID. I am asking if this is a personal insult to my wife and me, or is it meant for his Majesty? It is nothing else than a concerted plan to insult us.

MAC EATHFAIDH. O! I n-ainm Dé a Mhic Aithcinn abair leis go bhfuilmid díleas do'n rí, go bhfuil grá thar bárr againn do'n chaisleán, agus d'á dtagann as. Breathnuigh anois.

(*Téann sé síos ar a leath-ghlúin i láthair an fhir-ionaid. Úmhlaíonn sé é*

---

86. What – is it – makes you – not to speak – Saxon-English. (An attempt at Middle Irish.)
87. The accursed old hag, I told you, who put us under an enchantment half an hour ago.
88. Aside.
89. Oh, listen to him now, my friends.
90. The king's consort is saying – is saying – is saying –
91. Do you hear him now? The 'king's consort,' he says! 'the king's consort'!!
92. Tell his Greatness that we are all loyal to the king and loyal to the government as we ever were. We are now under enchantment, but if there is a change of language on us there is no change of heart.

féin do'n talamh, fágann sé a leath-lámh ar a chroí agus deir sé 'díleas! díleas!')[93]

FEAR-IONAID *(go feargach).*[94] Stop that tomfoolery.

MAC EATHFAIDH *(go tapa dúractach).* O! O! tuig mé, i n-ainm Dé, tuig mé. Tá mé díleas duit-se, díleas dod' bhain-chéile, díleas do'n Chaisleán, díleas do'n rí, díleas do'n uaisleacht go léir. Is deargnámhaid mé do Chlanna Gaeil, tá fíor-ghráin agam ar Éirinn, is fuath buan liom na h-Éireannaigh. Ní'l eólas ar bith agam orra. Ní bhfuighfeá in do Shacsana féin Sacsanach do b'fhearr'ná mise. – Ar d'anam cuir sin i gcéill dó, a Mhic hAitcinn, ar an móimid, nó brisfidh mé do chloigionn.[95]

FEAR-IONAID. Well, Dr. Hatkin, the man seems strangely moved. What is it?

MAC HAITCINN. He's talking, your Excellency, about the Gaelic League and the Castle. He says this new language would sound well in the Castle. Now, I, your Excellency, on the other hand, have put it on record that the language is a low, indecent *patois*. It's full of ribaldry, your Excellency.

MAC EATHFAIDH. An gcluin sibh é anois? An gcluin sibh é ag caitheamh salachair orrainn? Mo leun, nach bhfuair mé bás indé! Acht *(ag tógáil a dhoirn),* a Mhic h'Aitcinn, creid mé go mbéidh me cothrom leat-sa go fóill.[96]

MAC UI TRIAILL. 'Sea! A Mhic h-Aitcinn, marómaoid thusa.[97]

MAC UI TRÁILL. Bainfidh mé an fheusóg fhada sin as an mbéo dhíot nuair imeóchas a Mhórdhacht.

(Tagann beirt nó triúr aca go bagarthach i gcoinne MHIC HAITCINN.*)*[98]

BEAN AN FHIR-IONAID.[99] Oh, Charles, it's worse than drink; it's real wickedness, I see it in their eyes.

---

93. Oh, in the name of God, Hatkin, tell him that we are loyal to the king, that we have an unbounding love for the Castle and all that comes out of it – observe now. (He goes down on one knee before the Viceroy. He bows himself to the ground, he lays one hand upon his heart, and repeats 'loyal, loyal.')

94. Lord Lieutenant (angrily).

95. Magaffy (rapidly and earnestly). – Oh, oh, understand me. For God's sake, understand me. I am loyal to you, loyal to your consort, loyal to the Castle, loyal to the King, loyal to the entire nobility. I am a red enemy to the Clans of the Gael. I have a true disgust for Ireland. I have a lasting hatred of Irishmen. I know nothing about them. You would not get in your own England a better Englishman than I. On your life, Hatkin, make him understand that, this minute, or I'll break your head.

96. Do ye hear him now? Do you hear him throwing dirt on us? My grief that I did not die yesterday, but (raising his fist) believe me, Hatkin, I'll be even with you yet.

97. Yes, Hatkin, we'll kill you.

98. I'll put that long beard out of him from the quick when his Excellency goes. (Two or three come threateningly forward towards Hatkin.)

99. The Lord Lieutenant's wife.

Pleusgadh na Bulgóide / The Bursting of the Bubble

MAC HAITCINN. My Lord, they are giving you, as I gather, advice about how to learn this language; but if you would only come to my poor rooms, my Lord, I could show you certain horrors that – (*Tagann* MAC EATHFAIDH *go bagarthach amhail agus dá mbeith sé dul do bhreith air.*[100]) Oh, I see now! They want your Excellency to visit the Library. I think we had better go downstairs. I really think we had better withdraw. It's the hot weather that's doing it. (*Ritheann sé ar chúl* MNÁ AN FHIR-IONAID *d'á shábháil féin ar* MHAC EATHFAIDH.)[101]

FEAR-IONAID. Crofton, this is treason. I see it now; they mean to kill me. Look to the ladies. Back, get back, I say.

AIDE-DE-CAMP (*ag béicil.*)[102] Treason, treason! Police, police! (*Imíonn siad uile trid an dorus chomh tapa agus tá ionnta, acht do bheir an* FEAR-IONAID *aghaidh ar an námhaid go gaisgiuil, agus is é an fear deireannach ag fáil an tseomra.*)[103]

MAC UI TRIAILL. Mo leun nach ins an Life do báite mé indé![104]

MAC EATHFAIDH (*ag tarraing a ghruaige*).[105] Agus saoileann sé anois gur tréatúir mise! Mise! O a Thiarna! Mise do bhí chomh díleas sin do'n Chaisleán nach raibh aon mhac-léighin uasal fúm ariamh, nach dtugainn comhairle dhó dul ann, agus nach n-innseóinn dó an siopa is saoire a bhfuigheadh sé a chulaidh agus a chlaidheamh ann, ar an dara láimh.[106]

MAC UI TRIAILL. Mo bhrón thú, a Mhic Eathfaidh![107]

MAC EATHFAIDH. Ní raibh Fear-Ionaid san gCaisleán le fiche bliain nach n-innseóidh dhuit nach raibh mo leithéid d'fhear cainte agus cómhráidh in san gCaisleán riamh. A deirim libh nach mbeith ins an gCaisleán (muna mbeith mise) acht sgata cearc gan coilleach. Ní raibh mé acht ag fanúint go dtiucfainn chum beagáin aoise le bheith im' uachtarán ar an áit seo. Agus anois atá mé as! Do mhill an lá indiú mé![108]

---

100. Magaffy comes forward threateningly as if about to seize him.
101. He runs behind the wife of the Lord Lieutenant to save himself from Magaffy.
102. Shouting.
103. They all go through the door as fast as they are able, but the Lord Lieutenant faces the enemy heroically, and is the last man to leave the room.
104. My grief that it was not in the Liffey I was drowned yesterday.
105. Magaffy (tearing his hair).
106. And now he thinks that I am a traitor! I, Oh Lord! I who was so loyal to the Castle that I never had a student of good birth under me that I would not advise him to go there, and that I wouldn't tell him the cheapest shop where he'd get his suit and his sword second-hand.
107. My grief, you are, Magaffy!
108. There is not a Viceroy in the Castle this twenty years who would not tell you that there wasn't the like of me for a man of talk and conversation in the Castle ever. I tell ye, there wouldn't have been in the Castle, if it wasn't for myself, but a flock of hens without a cock. I was only waiting till I came to a little age to be Chief of this place. And now I'm out of it! This day has destroyed me.

Selected Plays of Douglas Hyde

MAC UI TRIAILL. Is tusa atá as, a Mic Eathfaidh – go cinnte![109]
MAC UI TRÁILL. Támaoid uile as! Is ró áibhéal é.[110]
MAC UI DÚIDÍN. Ní bhéidh mé beó mí o'n lá indiú.[111]
OLLAMH EILE. B'fhearr liom-sa bheith marbh.[112]
OLLAMH EILE. Ní bhéidh sásadh ar bith againn as ár mbeatha feasta.[113]

(*Tagann an tSean Bhean Bhocht asteach arís. Tig crith eagla ar na h-ollúna riompi.*)

AN TSEAN BHEAN. Tháinig mé ar ais chugaibh, a lucht an Bhéarla. Sea! bígí ag crith agus ag crathadh romham. Ní náir dhaoibh e. Oir is í an tsean-bhean bhocht do shlad sibh, a chuirfeas deireadh libh-se go fóil. A mhuinntir gan croí, a stiúrías an coláiste seo gan croí, fuagraim sibh-se agus bhur gcoláisde caillte. Tá Dia fada go léor ag féachaint orra ag muchadh gach soluis do bhí in Éirinn, agus chuir Sé an tSean Bhean Bhocht anois le rá libh go bhfuil me-ádh agus milleadh, creach agus crádh, brón agus bás i ndán daoibh. An rud budh chóir dhaoibh a mhúnadh, nior mhúin sibh é. An rud nar chóir dhaoibh a mhúnadh, sin é an rud do mhúin sibh. An t-óganach croi-éadtrom Gaeilach a ghabhann sibh in bhúr líonta, baineann sibh an croí amach as lár a chlé agus cuireann sibh croí cloiche Gallda in a áit. Is daoine sibh gan tír gan talamh, gan fírinne gan féile, gan inntinn gan aigne. Ní bhaineann sibh leis an oileán in ar chuir Dia sibh, tá sibh mar daoine crochta suas leath-bhealaigh idir an spéir agus an talamh. Ní bhaineann sibh-se le tír ná le talamh. Shaoil sibh anam na h-Éireann do ghoid libh – acht theip sé orra. An mhallact do chur mé orra leath-uair ó shoin tógaim díbh arís í. Labhraidh Béarla arís. Ní leighfidh mé dhaoibh feasta teanga Chaitilín ní h-Uallacháin do chamadh agus do chasadh. Tá mé ag imeact uaibh anois, acht cuimhnidh ar an ní adeirim libh, go bhfuil an chreach agus an crádh, an mi-ádh agus an milleadh, an brón agus an bás, i ndán daoibh.

(*Iompuíonn sí a cúl leó agus imíonn sí.*)[114]

---

109. It's you that are out of it, Magaffy, for certain!
110. We are all out of it. It is too awful.
111. I shan't be alive a month from to-day.
112. I'd sooner I were dead.
113. We shall have no satisfaction in our lives henceforth.
114. (The poor old woman comes in again. A trembling of fear before her fell upon the professors.) The old woman – I have come back to you, ye people of the English language. Yes, be shivering and quaking before me. It is no wonder for you; for it is the poor old woman whom ye have robbed who shall yet make an end of you. Ye people without a heart, who guide this college without a heart, I proclaim you and your college lost! God is long enough looking at you, quenching every light that was in Erin, and He has sent the poor old woman to you now to tell you that misfortune and destruction, spoiling and ruin, grief and death, are in store for you. The thing that ye ought to have

Pleusgadh n Bulgóide / The Bursting of the Bubble

MAC EATHFAIDH. The hag is gone. What's that? Is this English I'm speaking? It is, it is, it is! Oh, thank God! I can speak to a Lord Lieutenant again. Oh, where is he gone? Let me after him – and the dear Duchess. (*Ritheann sé de ruaig chum an doruis.*)[115]

MAC UI TRÁILL (*ag rith'na dhiaigh agus ag breith air.*)[116] Come back out of that. Are you mad? They'll put you in jail now if you follow them any more. I tell you, you'd better not!

MAC UI TRIAILL (*ag druidim an doruis agus ag cur a dhroma leis*).[117] No, no, Magaffy; no more Castle for you! (*Ag tógáil a mhéir.*)[118] Never again, no more, Magaffy!

FEAR EILE. Not for any of us. It's no use, Magaffy. Come back; our Bubble is burst.

MAC EATHFAIDH. Oh, my God! The Bubble is burst, is it? Oh, my God! Help me, some one. I – I – believe I'm dying. (*Tuiteann sé anaghaidh a chúil ar bhrollach* MHIC UI TRÁILL, *do gheibh in a ritheacha é.*)[119]

(*Brat anuas.*)

---

taught, ye did not teach it. The thing that ye ought not to have taught, that was the thing ye did teach. The lighthearted Gaelic youth whom ye catch in your nets ye take away the heart out of the midst of his breast, and ye place a foreign heart of stone in its stead. Ye are people without a country, without a land, without truth, without generosity, without mind, without courage. Ye do not belong to the island in which God placed you. Ye are like people hung up half-way between the sky and the earth. Ye belong not to land or country. Ye thought to steal away the soul of Erin with you, but it has failed you. The curse I gave you half an hour ago I take it off you again. Speak English once more. I shall not allow you to twist and wrench the tongue of Kathleen Ni Houlihan. I am departing from you now, but remeber the thing I tell you, that misfortune and destruction, ruin and spoiling, grief and death, are in store for you. (She turns her back upon them and goes out.)

115. He makes a rush for the door.
116. Mac Ee Thraul (running after him and catching him).
117. Mac Ee Treeal (shutting the door and putting his back to it.)
118. Raising his finger.
119. He falls backwards upon Mac Ee Thraul's breast, who catches him in his arms.

RÍ SÉAMUS
KING JAMES

RÍ SÉAMUS

NA DAOINE

Seanfhear
Buachaillín
Saighdiúr I
Saighdiúr II
Saighdiúr III
Rí Séamus

ÁIT

Cladach ar thaoibh na fairrge. Sean-Fhear *agus* Buachaillín *leis, ag iarraidh báirille mhór do sháthadh amach rómpa.*

Seanfhear. Socair, socair! a Sheáinín – bain an cloch sin as an mbealach.

Buachaillín (*ag baint cloiche as a mbealach*). 'Nois, tiomáin leat.

Seanfhear. Socair, socair, a Sheáinín, ná craith an bháirille; cuimhnigh céard tá ann.

Buachaillín. Ní'l mé d'á chrathadh.

Seanfhear. Tá mo chroí briste ag an obair seo. Ochón! Socair, socair, a Sheáinín, cuimhnigh cad tá againn san mbáirille.

Buachaillín. Ní'l mé d'á dhearmad.

Seanfhear. Óra, nach trom é. Och nach bhfuil sé ar bord no luinge againn, sul thagann an oíche.

Buachaillín. Mo leun nach bhfuil!

Seanfhear. Tá mo chroí ag dul amach as mo bhéul le faitíos. Dá mbeith tuairim ag duine ar bith céard tá ann! Dá mbeith sé ar bord na luinge againn d'fheudfamaoid a fhágáil. Tá eagla orm go dtiucfaidh duine éigin orrainn. O! a Thighearna, cia h-iad so?

(*Tosaíonn sé ag crith 's ag crathadh. Tagann triúr saighdiúr asteach, i n-arm 's i n-éadach, daoine móra, fiadháine, fiochmhara, agus fuil ar fhear aca.*)

An Seanfhear. Go mbeannaí Dia dhaoibh, a dhaoine uaisle.

Saighdiúr I. Go mbeannaí an fear céadna dhuit-se.

Seanfhear. Bhfuil sgéalta agaibh?

Saighdiúr I. Léirsgrios, basgadh, ruaig, fuil, ár! Sin é mo sgéal.

KING JAMES

[In the original Irish version only King James speaks English and does not understand Irish. All the other characters speak and understand Irish only. This point is lost in translation but it cannot be helped. However if we read Lady Gregory's translation bearing the language barrier in mind, the play loses very little.]

> AN OLD MAN
> A LITTLE BOY
> FIRST SOLDIER.
> SECOND SOLDIER.
> THIRD SOLDIER.
> KING JAMES

SCENE—*A strand beside the sea. An Old Man and a Boy with him, trying to roll a big barrel before them.*

OLD MAN. Easy, easy, Shawneen, take that stone out of the road.
BOY (*taking the stone out of the road*). Now push away with you.
OLD MAN. Easy, easy, Shawneen; don't shake the barrel. Remember what is in it.
BOY. I am not shaking it.
OLD MAN. My heart is broke with this work. Ochone! easy, easy, Shawneen. Remember what is in the barrel.
BOY. I am not forgetting it.
OLD MAN. Aurah, isn't it heavy. Ochone, that we may get it on board ship before night.
BOY. My grief that it isn't there!
OLD MAN. My heart is going out of my mouth with fright. If anyone at all should get word what is in it! If we had it on board the ship we would be able to leave it. There is danger that some person may come upon us. O Lord, what is that? (*He begins to shake and to tremble. Three soldiers come in, armed, and in uniform—big, wild, fierce men, and blood on a man of them.*)
OLD MAN. God bless you, gentlemen.
FIRST SOLDIER. The blessing of the same man on yourself.
OLD MAN. Have you any news?
FIRST SOLDIER. Destruction, ruin, rout, bloodshed, slaughter

Do briseadh an cath ar na Gaeil. Támaoid caillte.

SAIGHDIÚR II. Ar bhruach na Bóinne cuireadh an briseadh orrainn. Tá an Gael síos.

SAIGHDIÚR III. Agus aon fhear amháin do bhí cionntach leis, Séamus Salach, rinne sé feall orrainn.

SEANFHEAR. Ochón! ochón! ochón! Sin é an sgéal bocht buartha brónach. Rinne Séamus feall orraibh, Rí Séamus an ea!

SAIGHDIÚR III. Rí Séamus, an madad gránna. Rinne sé feall orrainn. Rith sé leis as an gcath. Threigh sé na Gaeil, an cladhaire. O dá mbeith a chloigionn fa mo sháil anois is deas do chomh-bhruífinn é faoi mo chois.

(*Sáitheann sé a shál san talamh agus gearrann sé a fhiacla.*)

SEANFHEAR. Ochón! ochón! ochón! í ó go deó! Agus cá'uil Rí 'Liam?

SAIGHDIÚR I. 'N ár ndiaigh. Tá siad mar chonrait gadhar ar lorg geirria, agus gan duine le n-a mbacadh. Tá gach cearda de'n tír lán suas aca.

SAIGHDIÚR II. Tá siad thart thimchioll orrainn, agus támaoid comh lag sin leis an ocrus agus leis an tart nach bhfhéadfamaoid dul a bhfad níos fuide.

SAIGHDIÚR I. Cá 'uil tú dul leis an mbáirille sin?

SEANFHEAR. Níl mé dul áit ar bith lei. – O sea, tá me dha tabhairt go teach mo chómharsan.

SAIGHDIÚR II. Is Dia do thug ann so sinn. 'Nois, a chomráid mo pháirte, béidh an deoch fhada fhíor-mhilis againn. Tá'n bás ar mo chroí le tart. Is breá bog fhliuchfas an bháirille seo mo sgornach.

SEANFHEAR. Na bain leis an mbáirille sin, a shaighdiúir.

SAIGHDIÚR I. Cad chuige nach mbainfinn!

SEANFHEAR. Is liom-sa agus le mo chomharsain í.

SAIGHDIÚR II. Nach cuma linn sin. B'fhearr linn í againn féin ná ag na nGaill, agus is aca bhéidh sí ar ball, muna n-ólamaoid féin í.

SAIGHDIÚR I. Adeirim leat, a shean-duine, cibé chonnairc an sgannrudh agus an fhuil ar thaoibh na Bóinne, ní mhór dhó deoch, dá mbeith sé le dul go bord an Rí féin le n-a sgiobadh leis.

SEANFHEAR. Ar d'anam na bain leis an mbáirille sin.

SAIGHDIÚR II. Leig de do chaint, agus stop do bhéal. Ólfaidh mé as an mbáirille sin dá mbudh an rí féin í.

SAIGHDIÚR III. An rí! Ní rí é acht geirria. An cladhaire do rinne an feall orrainn. Och! gan é ann so! go gcuirinn an sgian so 'na chroí, go bhfeicfinn chomh dubh agus atá a chuid fola. Ní ionnann agus an fhuil dhearg do doirteadh indiu.

—that is my news. The battle was broken on the Gael. We are lost.

SECOND SOLDIER. On the brink of the Boyne the breach was put on us. The Gael is down.

THIRD SOLDIER. And one man alone that was guilty of it—dirty James; he did treachery on us.

OLD MAN. Ochone! ochone! ochone! That is the poor, troublesome, sorrowful story. James did treachery on you. King James, is it?

THIRD SOLDIER. King James, the ugly cur; he did treachery on us. He ran away with himself out of the battle. He forsook the Gael. The coward; O, if his skull was under my heel now it is well I would pound it under my feet. (*He strikes his heel on the ground and gnashes his teeth.*)

OLD MAN. Ochone! ochone! ochone! O-go-deo! And where is King William?

FIRST SOLDIER. Following after us. They are like a pack of hounds on the track of a hare, and without one to hinder them. Every corner of the whole country is full up of them.

SECOND SOLDIER. They are beyond us and around us. And we are that worn out with hunger and thirst we can go no farther.

FIRST SOLDIER. Where are you going with that barrel?

OLD MAN. I am going to no place at all with it. O! I am bringing it to my neighbour's house.

SECOND SOLDIER. It is God brought us here. Now, comrades of my heart, we will get the long, truly sweet drink. My heart is killed with thirst. It is fine and soft that barrel will moisten my throat.

OLD MAN. Don't meddle with that barrel.

FIRST SOLDIER. Why would I not meddle with it?

OLD MAN. It belongs to me and to my neighbour.

SECOND SOLDIER. Isn't that the same to us? It is better for us to have it than the Galls, and it is they will have it just now if we do not drink it ourselves.

FIRST SOLDIER. I tell you, old man, whoever saw the terror and the blood on the side of the Boyne would want a drink if he had to go to the table of the King himself to get it.

OLD MAN. For your life do not touch that barrel.

SECOND SOLDIER. Leave your talk and shut your mouth. I will drink from that barrel, if it belonged to the King himself.

THIRD SOLDIER. The King—It is not a King he is, but a hare. The coward that deceived us. Och, he not to be here till I would put my knife into his heart, the way I would see the blackness of of his share of blood. It is not all as one as the red blood that was spilled today.

SEANFHEAR. A dhaoine uaisle, guím sibh go h-umal gan baint le mo bháirille. Cad dheanfas an bhaintr'each bhocht, agus na seacht ndilleachta bochta ar leo í, agus gan chaoi maireachtáil na maoin an tsaol aca acht a bhfuil innti.

SAIGHDIÚR I. Fág an bealach, a shean rapaire. – Dún do chlabh no dunfaidh mise dhuit é. A Éamonn, cá 'uil an meana sin do bhí agad?

(*Sineann an* SAIGHDIÚR II *an meana chuige. Cuireann an triúr atá an bháirille 'na seasamh ar a tóin, agus tosuíonn sé ag tolladh.*)

SEANFHEAR (*ag rith chuige*). Ar d'anam ná déan sin. Ní h-é an rud is doigh leat atá innti.

SAIGHDIÚR II. Go dtachtar thú, an amhlaidh gur dóigh leat gur í lár an teampuill, Dia Domhnaigh, i n-aimsir síochana atá tu, agus an sagart ag an altóir. Leag síos le dorn e, a Choluim.

SEANFHEAR. Éistí liom, O! éistí liom, a dhaoine uaisle! Bhí me ag tabhairt na báirille sin ar bord luinge, agus bhí sí ro throm dam. Níor fhead me a h-iomchar. Bheirim daoibh í, agus fáilte, acht ní fíon atá innti; dar m'anam ní h-ea, ní'l innti acht éisg.

SAIGHDIÚR I (*ag sméideadh ar an mbeirt eile*). Anois piocfamaoid na bréaga as, agus béidh an greann againn. (*Leis an sean-fhear*). Éisg! O, glóir do Dhia! nach trathúil sin, agus Dia hAoine ann indiú. 'Nois ní bhéimid ag trosgadh.

SEANFHEAR. Ar dúirt me 'éisg' – ar mearbhall do bhí mé. Ní h-éisg atá innti, chor ar bith, acht mairteóil.

SAIGHDIÚR III. O déanfaidh sin damh-sa go breá. Tá mé loite sa gcloigionn, agus tá cead agam mo rogha ruid d'ithe. Shíl mé féin nach éisg do bhí innti. D'aithneocha éisg an chladaigh seo leithmhile uait ar a mboladh.

SEANFHEAR. A dhaoine-uaisle innseóidh mé an firinne dhaoibh. Ní'l ann acht min.

SAIGHDIÚR II. Lionfamaoid ar bpócaidh leis an min, ar chuma ar bith. Ca fhios dúinn cia an uair gheobhasmaoid béile ceart.

SEANFHEAR. Acht ní min le n'ithe atá innti, acht bran.

SAIGHDIÚR I. Sin é go díreach an rud atá uaim, le ceirín a dhéanamh le n-a chur ar an áit ar loiteadh mé.

SEANFHEAR. O cuimhním anois, ní in san mbáirille seo do bhí an bran acht san mbáirille eile. Bróga atá in san mbáirille seo.

SAIGHDIÚR I. O! Míle buíchios le Dia na Glóire! (*ag síneadh amach a choise.*) Féach é sin, bróga, bróga, O! bróga! Sin é an rud atá uaim-se!

SEANFHEAR. O céard tá mé rá, is as mo chéill atá mé, tá buaireadh an tsaoil ag dul tríom chomh mór sin. Ní'l rud ar bith in san mbáirille sin acht luaidhe.

SAIGHDIÚR III. Luaidhe! O nach é sin an t-ádh. Ní'l acht trí peiléaraí d'fhuileach agam. Tá an munla agam in mo phóca agus déanfaidh mé leith-chéad peiléar eile de'n luaidhe sin sul imím troigh as an áit seo.

SEANFHEAR. A dhaoine uaisle na bígí i bhfeirg liom, acht tá mé

Rí Séamus / King James

OLD MAN. Gentlemen, I pray you humbly not to touch my barrel. What will the poor widow do, and the seven poor orphans that own it, they having no way of living or goods in the world at all but what is in it?

FIRST SOLDIER. Quit the place, you old raparee. Shut your gob or I will shut it for you. Edmond, where is that awl you had?

(*Second soldier draws out an awl, and begins to bore a hole. The three put the barrel standing on its end.*)

OLD MAN (*running to him*). On your life, do not do that. It is not what you think that is in it.

SECOND SOLDIER. You be choked; is it what you think that it is in the middle of the church of a Sunday, in time of peace, you are, and the priest at the altar. Knock him down with your fist, Colum.

OLD MAN. Listen to me. O, listen to me, gentlemen. I was bringing this barrel on board a ship, and it was too heavy for me. I could not carry it. I will give it to you, and welcome, but it is not wine that is in it—on my soul, it is not. There is nothing in it but fish.

FIRST SOLDIER (*winking at the others*). How we will pick the lies out of him, and we will have fun. (*To the old man*)—Fish? O, glory be to God, isn't that timely?—and to-day Friday. Now, we won't be fasting.

OLD MAN. Did I say fish? It was mistaken I was. It is not fish that's in it, but beef.

THIRD SOLDIER. O, that will suit me well. I am wounded in the head, and I have leave to eat my choice thing. I thought myself it was not fish that was in it. You would know the fish of this coast a half a mile away by the smell of them.

OLD MAN. O, gentlemen, I will tell you the truth. There is nothing in it but meal.

SECOND SOLDIER. We will fill our pockets with it all the same. How do we know what time we might get a proper mouthful?

OLD MAN. O, it isn't right meal it is, but bran.

FIRST SOLDIER. That is just the thing I am wanting for a poultice to put on the place I was wounded.

OLD MAN. O, I remember now, it is not in this barrel the bran was, but in the other barrel. It is shoes are in this barrel.

FIRST SOLDIER. O! a thousand thanks to the God of Glory! (*stretching out his foot*). Look at that. Shoes, shoes! O, shoes! That is the thing I am wanting.

OLD MAN. Oh! what am I saying? It is out of my senses I was, with all the troubles of life that are going through me. There is nothing at all in the barrel but lead.

THIRD SOLDIER. Lead! O, isn't that the luck! I haven't but three bullets left. I have the mould in my pocket, and I will make a

tríd-a-chéile go mór le h-uile short buaireadh agus ansó. Bhí trí no ceathar de bháirilli ann, acht is é seo an ceann a raibh na h-éadaigh innti – ní'l ann acht sean-éadaigh!

SAIGHDIÚR II (*ag fosgailt a bhrollaigh*). Feuch sin. Ní'l sgríd na faic orm thig liom a rá, acht rud nach fiú a chur orm. Fosgail an bháirille agus tabhair dham cuid de na sean-éadaigh as. Is uaim-se tá siad ag teastál.

SAIGHDIÚR III. Ara! ná caill d'am ag piocadh tuilleadh bréag as an sean-rógaire sin. Fíon dearg na Spáine atá in san mbáirille sin – Tabhair dham an meana sin, a Éamoin, go gcuirfidh mise poll innti.

(*Síneann* SAIGHDIÚR I *an meana chuige, agus tosuíonn sé ag tolladh.*)

SAIGHDIÚR II. Coireóidh mise mo chlogad sa'n bpoillín, leis an bhfíon do chongbháil.

SAIGHDIÚR III (*ag tarraing amach a mheana*). – Nois! (*Ní thagann aon fhíon as.*) Diabhal! ní'l deór na tuint ag teacht as. Bhí an meana ró ghearr, acht cuirfidh mise poll innti leis seo.

(*Tarraingeann sé sgian fhada amach, agus sáitheann sé í asteach i ndiaigh an mheana*).

SEANFHEAR. Coisg do lámh! coisg do lámh!
SAIGHDIÚR III. Tiomáinfidh mé an sgian tríd go dtí an lámh.
SEANFHEAR. Ar d'anam ná déan, ní fhéadfaidh tú a ól a bhfuil innti.
SAIGHDIÚR II. Nach bhféadfamaoid!
SEANFHEAR. I n-ainm Dé, a dhaoine-uaisle fágaidh mo bháirille ar bord na loinge dham.
SAIGHDIÚR III. Fágfamaoid an méad nach n-ólfamaoid.
BUACHAILLÍN (*ag rith asteach 'na measg*). A dhuine-uasail, a dhuine-uasail, an ngeallann tú sin dá rire, an méad nach n-ólfaidh sibh, go bhfágfaidh sibh slán ar bord na loinge é?
SAIGHDIÚR III. Nach apuidh an leipriocháinín thú!
BUACHAILLÍN. A dhaoine-uaisle na bígí ró chrua orrainn. Tá mo shean-athair lag fann. Ní'lmid ag baint an fhíona dhibh, ní fhéadamaoid – ní'lmid acht ag iarraidh orraibh an méad atá in san mbáirille seo nach bhféadfaidh sibh ól, go dtiubhraidh sibh congnamh dúinn, é d'iomchar agus d'fágáil slán ar bord no loinge.
SAIDHDIÚR I. Och! geall sin dóibh.
BUACHAILLÍN. Go bhfágfaid sibh slán gan milleadh ar bord na loinge é.
SAIGHDIÚR I. Geallaim sin duit.
BUACHAILLÍN. Agus geallann na daoine uaisle seo!
SAIGHDIÚR II. Geallaim.
SAIGHDIÚR III. 'Sea! Geallamaoid.
BUACHAILLÍN. A dhaoine uaisle, ná biodh fearg orraibh, acht móidigí sin dúinn sul thosaíonn sibh ag ól.
SAIGHDIÚR III. Móidímid. Fág an bealach anois no buailfidh mé cos ort.

half hundred more bullets with that lead before I quit this place.

OLD MAN. O, gentlemen, do not be angry with me, but I am upset entirely with every sort of trouble and hardship. There were three or four barrels in it, but this is the one had clothes in it. There is nothing in it, but old clothes.

SECOND SOLDIER (*opening his breast*). Look at that—not a rag or a stitch, I may say, that is fit for me to put on. Open the barrel and give me out a share of your old clothes. It is myself that is in want of them.

THIRD SOLDIER. Arrah! don't be losing time picking any more lies out of that old rogue. Red wine of Spain that is in the barrel. Give me that awl, Edmund, till I make a hole in it? (*First soldier holds out the awl to him, and he begins to bore.*)

SECOND SOLDIER. I will settle my helmet under the hole, to hold the wine.

THIRD SOLDIER (*drawing out the awl*). Now! (*No wine comes out.*) The devil. Not a drop or a tint coming out. The awl was too short, but I will put a hole in it with this (*draws out a long knife, and thrusts it in after the gimlet*).

OLD MAN. Stop your hand; stop your hand.

THIRD SOLDIER. I will stick in the knife through it up to the hilt.

OLD MAN. For your life, do not. You cannot drink what is in it.

SECOND SOLDIER. Can't we, indeed?

OLD MAN. In the name of God, gentlemen, leave my barrel on board the ship for me.

THIRD SOLDIER. We'll leave all we won't drink.

BOY (*running in among them*). Gentlemen! O, gentlemen! do you really promise that all that ye don't drink ye'll leave it safe on board the ship for us.

THIRD SOLDIER. Aren't you the ripe little leprechaun?

BOY. Gentlemen, don't be too hard on us; my grandfather is weak and feeble. We are not taking the wine from ye; we cannot. We are only asking ye this: all that ye won't be able to drink of the barrel that ye will help us to carry it and leave it safe on board ship.

FIRST SOLDIER. Och! promise them that.

BOY. That ye will leave it safe without injury on board the ship.

FIRST SOLDIER. I promise you that.

BOY. And these gentlemen promise?

SECOND SOLDIER. I promise.

THIRD SOLDIER. Yes, we promise.

BOY. Gentlemen, don't ye be angry, but swear that to us before ye begin to drink.

THIRD SOLDIER. We swear. Out of the way now, or I'll strike a foot on you. (*The first soldier thrusts in his knife again.*)

(*Sáitheann* SAIGHDIÚR I *a sgian asteach arís.*)
SEANFHEAR. Ochón! ochón! ochón! (*ag fásgadh a dhá láimh*) ná déan, ná déan.
(*Buaileann saighdiúr é as an mbealach.*)
SAIGHDIÚR II. Fág fúm-sa é. (*Ag tógáil cloiche troime agus d'á bualadh síos ar cheann na báirille.*) Chugad, a bháirille.
(*Bristear ceann na báirille agus tagann sgread géar eagla as. Tuiteann a chlogad as láimh an t*SAIGHDIÚRA I, *agus preabann siad uile ar gcúl ó'n mbáirille. Éiríonn ceann duine as an mbáirille, a éadan bánuithe leis an bhfaitíos, sgeón in a shúile, agus cróin de'n ór buí ar a cheann.*)
NA SAIGHDIÚRAI UILE. An Rí! Séamus!
SEANFHEAR (*ag fásgadh a dhá láimh*). Is é an Rí e, agus bhí mise d'á sábháil. Bhí mé d'á chur ar bord na luinge do bhí le n-a bhreith go dtí an Fhrainc. Umlaigí do'n rí; iarraidh pardún air.
SAIGHDIÚR I. Diabhal baol orrainn; acht iarradh seisean pardún orrainn-ne.
SAIGHDIÚR II. Sin é an fear d'fhág Éire agus na Gaeil caillte.
SAIGHDIÚR III. Nar dúirt me ó chiana 'dá mbeith a chloigionn fá mo sháil,' agus thug Dia dham anois é. Gabh amach as an mbáirille sin ar an móimeid, go ndéanfaidh mé mion-ghreamanna de do chuid feóla, agus púdar de do chnámha.
(*Bagrann sé a dhorn air.*)
AN RÍ (*agus a ghuth ar crith*). Gentlemen, remember I am your king.
SAIGHDIÚR III. King brea atá ann go cinnte!
SAIGHDIÚR I. Céard déanfamaoid leis anois?
SAIGHDIÚR III. Ná leig beó as an tír é; tá na Gaeil sgriosta go deo aige.
AN RÍ. Gentlemen, let me go to France. Don't, oh don't hurt me.
AN SEANFHEAR (*ag dul síos ar a ghlúna i láthair na saighdiúr*). A dhaoine uaisle de phór na nGaeil, do bhí riamh dílleas do'n fhíor-eaglais Chatoilcigh, a saighdiúrai uaisle do bhí díleas do'n rí ceart go dtí an lá so, ná bainí leis, acht leigí dho imeacht slán, gan fuiliú, gan deargadh air.
SAIGHDIÚR III. Cad chuige leigfimis slán uainn é. Nach é atá cionntach le fuil na mílte d'uaisle de Chlanna Gael. Thug Dia dham é in mo láimh agus go dtachtar mé má leigim an treutúr gránna uaim arís.
SEANFHEAR. Ní thuigeann sibh mé. Tá sé dul go dtí an Fhrainc agus tiucfaidh sé ar ais arís le slua mór Franncach ag cuidiú leis, agus bainfidh sé Éire amach do féin agus daoibh-se.
AN RÍ. Yes, gentlemen, yes.
SEANFHEAR. Acht má cuireann sibh direadh leis anois, beid Éire caillte go bráth, gan fóirín, gan dóchas. Leig dó imeacht, agus tiucfaidh sé ar ais agus na mílte saighdiúr leis.

Rí Séamus / King James

OLD MAN. Ochone! ochone! ochone! (*wringing his two hands*) —don't do it; don't do it. (*A soldier shoves him out of the way.*)

SECOND SOLDIER (*taking up the heavy stone and striking it down upon the top of the barrel*). Here's to you, barrel.

(*The top of the barrel is broken in, and there comes a sharp screech of fear out of it. His helmet falls from the hand of the soldier, and they all start back from the barrel. There rises up the head of a man out of the barrel, his face whitened with fear, wildness in his eyes, and a crown of yellow gold on his head.*)

ALL THE SOLDIERS. The King! King James.

OLD MAN (*wringing his two hands*). It is the King it is, and it was myself was saving him. I was to put him on board the ship that was to bring him to France. Bow down to the King, and ask pardon of him.

FIRST SOLDIER. The devil a fear of us, but let himself ask pardon of us.

SECOND SOLDIER. That is the man left Ireland and the Gael lost.

THIRD SOLDIER. Didn't I wish a while ago I had his head under my heel! And God has given it to me now. Get out of the barrel this minute till I make small bits of your share of flesh, and powder of your bones. (*He shakes his fist over him.*)

THE KING (*in English, and his voice trembling*). Gentlemen, remember I am your King.

THIRD SOLDIER. A fine King that is in it, surely!

FIRST SOLDIER. Don't let him alive out of the country. He has the Gaels destroyed for ever.

THE KING (*in English*). Gentlemen, let me go to France. Don't, O don't hurt me.

OLD MAN (*going down on his knees before the soldiers*). O, gentlemen of the race of the Gael, that were always faithful to the true Catholic Church—O, noble soldiers that were unto this day faithful to the rightful King—do not touch him, but let him go from you safe without bloodshed, without reddening on him.

THIRD SOLDIER. Why would we let him go safe from us? Isn't it he is guilty of the blood of the thousands of the noblest of the children of the Gael? God put him into my hands, and that I may be choked if I let the mean traitor go from me again.

OLD MAN. You don't understand me. He is going to France, and he will get the great French army to take his part, and he will cut out Ireland again for himself and for yourselves.

THE KING. Yes, gentlemen, yes.

OLD MAN. But if you put an end to him now, Ireland will be lost for ever, without help, without hope. Let him go, and he will come again, and thousands of soldiers with him.

AN Rí (*ag féachaint ó dhuine go duine aca, ag úmlú a chinn do gach ceann aca*). Yes, gentlemen, yes.

SAIGHDIÚR III. Ní chreidim pioc de. Ní thiucfaidh an rud sin ar ais a-choiche. 'Nois an t-am le sású do bhaint as.

(*Craitheann sé a dhorn i n-éadan an* Rí.)

SAIGHDIÚR II (*go borb*). Fuil ar son fola, bás ar son feille.

SAIGHDIÚR I. Cia dhéarfadh gur rí atá in san ruidín sin.

Rí. Yes, gentlemen, yes.

SAIGHDIÚR III. An gcluin sibh an glugaire. Dúirt Giolla Íosa Mac Coisdealaigh liom aon uair amháin.

Ná creid, 'sná éistidh leis.
An yesh as béal an sméirle.

Sé yesh agus no
An chuid is mó de'n Bhéarla.

Rí. Yes, gentlemen.

(*Tosaigh ag gáire.*)

SAIGHDIÚR I. Cad é an sort báis bhéarfamaoid do anois.

SAIGHDIÚR II. An ceann do bhaint de, agus gad do tharraing trid a phluc, mar ghnidís fad ó.

SAIGHDIÚR III. Ní h-ea! Acht na lámha nár bhuail buille riamh do bhaint anuas dé, agus é d'fagail gan na cosa do rith chomh luath sin as an gcath.

SAIGHDIÚR I. Leig damh-sa an croí do ghearradh amach as a chliabh go bhfeicidh me cia'n sórt é, oir is in a chroí atá an t-olc.

(*Baineann se amach sgian fhada.*)

SEANFHEAR (*ar a ghlúin*). O! tabhair pardún do! Is é an Rí é. Ní bhéid an t-ádh orrainn go bráth má chuirtear an rí chum báis le n-a shaighdiúraí féin?

SAIGHDIÚR III. Agus ní bhéid morán de'n ádh orrainn-ne má leigimid do imeacht!

BUACHAILLÍN. Acht a shean-athair nár gheall siad dúinn nach mbainfeadh siad leis. Ní féadann siad baint leis.

SAIGHDIÚR III. Nach bhféadamaoid? Taisbeánfaidh mé sin duit ar an móimid.

SEANFHEAR. Ní thig leat. Tá an fhírinne ag Seáinín. Tá do ghealladh agam, agus do mhóid leis.

SAIGHDIÚR III. Cia'n gealladh a shean-amadáin.

BUACHAILLÍN. Gheall sibh an méad do bhí in san mbáirille nach bhféadfadh sibh ól, é d'fágáil slán ar bord no luinge dhúinn.

SAIGHDIÚR III. An diabhal! O! a rógaire óig, is trua nar ghearr me do sgornach nuair labhair tú.

SEANFHEAR. Nár mhóidigh sibh sin dúinn? Is fior-Ghaeil sibh nár bris móid riamh.

SAIGHDIÚRAÍ. Is fior sin. Mhóidíomar, faraor!

THE KING (*looking from one to another, and bowing his head to every one of them*). Yes, gentlemen, yes.

THIRD SOLDIER. I don't believe a word of it. That thing will never come back again. Now is the time to knock satisfaction out of him. (*He shakes his fist in the King's face.*)

SECOND SOLDIER (*roughly*). Blood for blood; death for treachery.

FIRST SOLDIER. Who would say it was a King was in that poor thing?

THE KING. Yes, gentlemen, yes.

THIRD SOLDIER. Do you hear the twitter! Giolla Iosa Mac-Costello said to me one time: —

"Do not trust when you hear the yesh out of the mouth of the villain. It is yesh and no make the biggest share of the English language."

THE KING. Yes, gentlemen. (*They begin to laugh.*)

FIRST SOLDIER. What is the sort of death we should give him now?

SECOND SOLDIER. To cut his head off, and draw a gad through his cheeks, as they used to do long ago.

THIRD SOLDIER. No, but to cut off from him the hands that never struck a blow, and to leave him without those feet that ran so quickly out of the battle.

FIRST SOLDIER. Let me cut the heart out of his breast till I see what sort it is, for it's in his heart the evil is. (*He pulls out a long knife.*)

OLD MAN (*on his knees*). O, forgive him. He is the King. There will never be luck on us for ever if the King is put to death by his own soldiers.

THIRD SOLDIER. And there will not be much luck on us if we let him go.

BOY. But, grandfather, didn't they promise us they wouldn't meddle with him? And they can't do it.

THIRD SOLDIER. We can't do it? I'll show you that in a minute.

OLD MAN. You cannot. The truth is with Shawneen. I have your promise, and your oath with it.

THIRD SOLDIER. What oath, old madman?

BOY. You promised that all that was in the barrel that you could not drink, you would leave it on board the ship for us.

THIRD SOLDIER. Oh, the devil! It's a pity, you young rogue, I didn't cut your gullet when you spoke.

OLD MAN. Didn't your swear it to us? And ye are true Gaels that never broke an oath.

THIRD SOLDIER. That is true. We took an oath—my grief.

SEANFHEAR. Brostuighí orraibh anois, agus déan an rud adúirt sibh.

SAIGHDIÚR II. Támaoid gabhtha aige go cinnte, an sean-chleasuí. Acht b'fhéidir go bhfuil sé chomh maith. Níor mhaith liom mo lámh do shalú leis an gcladhaire sin.

SAIGHDIÚR III. Mo leun! nach bféadfaidh mé a chuid fola feicsint go mbeith síos agam cia'n dath atá innti chor ar bith.

AN RÍ. Yes, gentlemen.

(*Ag umhlu dhoibh: sgairteann siad ar gáire.*)

SEANFHEAR. 'Nois cuidigí liom.

SAIGHDIÚR II. Béidh an rud sin agam ar chuma ar bith.

(*Leagann sé a lámh ar an gcróin.*)

SAIGHDIÚR III. Fág sin aige. Ní dóigh gur fearr é ná an cloigionn atá faoi.

SEANFHEAR. Fág an chróin air. Is é bhur rí é. Anois cuirfimid ar bord na luinge é.

SAIGHDIÚR III. Tiomáin síos do cheann in san mbáirille sin.

(*Sáithean sé an ceann síos go borb.*)

RÍ. Thank you, gentlemen.

(*Coiríonn siad an ceann ar an mbáirille. Annsin leagann an saighdiúr an bháirille ar a thaoibh go neamh-chaoin, agus bualeann sé cos uirri, ag rá 'psuit'.*)

GUTH (*as an mbáirille*). For God's sake.

SAIGHDIÚR I. Tiomáin leat. Ar bord leis!

GUTH (*níos áirde*). Gently, gentlemen, gently, you shake me.

SAIGHDIÚR II. Tiomáin leat.

GUTH. Gently. Don't kill me. I am your king.

SAIGHDIÚR III. (*ag bualadh cic eile ann*). Tiomáin leat.

Rí Séamus / King James

OLD MAN. Hurry on now, and do the thing you said.

SECOND SOLDIER. He has caught us finely, the old trickster. But maybe it's as well. I wouldn't like to dirty my hand with that runaway.

THIRD SOLDIER. My grief that I cannot see his share of blood, till I would know what colour is it at all.

THE KING. Yes, gentlemen, (*bowing to them*). (*They burst out laughing.*)

OLD MAN. Now help me.

SECOND SOLDIER. That thing will be mine anyway (*lays his hand on the crown*).

THIRD SOLDIER. Leave that to him. It's likely it is no better than the head that is under it.

OLD MAN. Leave the crown on him. He is your King. Now we will put him on board the ship.

THIRD SOLDIER. Dip down your head in the barrel. *He thrusts the King's head down roughly.*)

THE KING. Thank you, gentlemen.

(*They settle the top on the barrel. Then the soldiers lay the barrel on its side roughly, and hit a kick on it, saying "psuit!"*).

THE KING'S VOICE (*out of the barrel*). For God's sake.

THIRD SOLDIER. Push away. On board with him.

THE KING'S VOICE (*louder*). Gently, gentlemen, gently; you shake me.

THIRD SOLDIER. Push along.

THE KING'S VOICE. Gently! Don't kill me! I am your King!

THIRD SOLDIER (*hitting another kick at the barrel*). Push along.

(CURTAIN.)

AN CLEAMHNAS
THE MATCHMAKING

AN CLEAMHNAS

NA DAOINE

CÁIT (*cailín óg*)
MÁTHAIR CHÁIT
ATHAIR CHÁIT
SEÁNÍN (*dearbhráthair óg do Cháit*)
DIARMUID (*atá i ngrá le Cáit*)
PEADAR Ó GIOBALÁIN (*sean-fhear*)

ÁIT

Cisteannach tí feilmeara. Ta dorus an tseomra ag bun an chisteanna. Tá fuinneóg ins an taoibh chlé. Tá an MHÁTHAIR *agus* SEÁNÍN *'san gcisteanna leó féin.*

SÁNÍN. A mháthair!
MÁTHAIR. Céard é, a mhic?
SEÁNÍN. An maith an rud asal do bhualadh?
MÁTHAIR. Is maith, a mhic, má tá an t-asal fallsa.
SÁNÍN. Acht nuair atá an t-asal ar a dhicheall, an mhaith é a bhualadh?
MÁTHAIR. Ní duine do bhualfeadh é annsin, a stóir, acht diabhal. Faraoir! Is iomdha diabhal atá i measg na ndaoine na haimsirí seo.
SEÁNÍN. Chonnaic mé Peadar Óg Ó Giobaláin ag bualadh asail indé; shaoilfeá go maródh sé é, nuair nár fhéad an t-asilín an t-ualach do bhí air do tharraing.
MÁTHAIR. Peadar Óg Ó Giobaláin! Ó! Acht na bac leis, a mhic. Ca'uil Cáit? Ó, seo chugainn í.
(*Tagann* CÁIT *isteach, agus í ag rith.*)
CÁIT. Óra, a mháthair, tá m'athair agus sean-Pheadar Ó Giobaláin ag teacht aníos annso; chonnaic mé iad le chéile ins an mbóithrín. Cad tá ar siúl aca, chor ar bith?
MÁTHAIR. Cad chuige bhfuil tú a' fiafrai? Nach minic roimhe seo chonnairc tú d'athair agus sean-Pheadar ag siúl le chéile?
SEÁNÍN. Is ort-sa tá siad ag caint, a Cháit, is ort-sa tá siad ag caint. Bhí mise ag éisteacht leó indé, agus ní fheaca siad mé, mar bhí mé ar chúl an chlaí. Is ort-sa bhí siad ag caint!
MÁTHAIR (*ag bualadh leadoige air*). Gabh amach as sin, a

An Cleamhnas / The Matchmaking

THE MATCHMAKING

[The translation varies considerably from the Irish original as Lady Gregory partially rewrote it and so the pages do not correspond.]

KATE. *A young girl.*
MÁIRE. *Kate's mother.*
PATRICK O MALAIN. *Kate's father.*
SEÁNEEN. *Kate's younger brother (young enough not to be mistaken for a suitor, but not too young).*
DIARMUID. *Who is in love with Kate.*
PETER Ó GIOBALÁN. *An old man.*

SCENE. *The kitchen of a farmhouse. The door of the room is at the back of the kitchen. There is a window at the left hand side.* MÁIRE & SEÁNEEN *are in the kitchen alone.*

KATE (*rushes in*). Mother, is it here Peter Ó Giobalán came? I saw him coming up the road.
MÁIRE. Sure he does often be here chatting with your father.
SEÁNEEN. It's inside they are and it is about yourself they are talking.
MÁIRE. Get out of that you little leprechaun. Go run to the bog and see have they much turf cut. (SEÁNEEN *goes out.*) Come hither, Kate. Whist, be quiet!
KATE. Mother!
MÁIRE. What is it, acushla?
KATE. There is great fear on poor Diarmuid. I saw him today. He says my father and that old tinman Peter Ó Giobalán do be drinking every night in Seumas O Hall's house and Diarmuid is certain they are settling a match between myself and Peter's son. There is fear on him that I will leave him and marry that clumsy oaf, Michael Ó Giobalán. O little mother of my heart, I cannot leave Diarmuid, although my father asks me to.
MÁIRE. O Kate avourneen, it is the truth Diarmuid has. Your father and old Peter are gone into the room this night to make the match between you. I said to your father that you love Diarmuid and that he loves you, but he would not listen to me.
KATE. Oh mother, I wouldn't marry him. I have no liking for him at all.
MÁIRE. I have no liking for old Peter either, or for his son. But you know himself and old Peter are great with one another. There is not a week since I married, and that thirty years ago, that your

Selected Plays of Douglas Hyde

liopracháin an mhí-ádh. Sgrios leat síos chum an phortaigh, agus féach bhfuil mórán móna bainte aca.

SEANÍN (*ag caoineach*). Ná déan sin orm. Ní'l focal bréige ann. Is uirri do bhí siad ag caint!

(*Imíonn se.*)

CÁIT. A mháthair, céard is ciall do sin?

MÁTHAIR. Éist, a mhúirnin, éist! Seo iad féin.

(*Tagann an tATHAIR agus* PEADAR Ó GIOBALÁIN *isteach. Beirt shean-fhear atá ionnta.*)

ATHAIR. A Mháire, thug me Peadar Ó Giobaláin liom anocht. Tá rud eigin agam féin agus aige-sean le socrú le chéile.

PEADAR. Go mbeannaí Dia dhuit, a Mháire. Tá focal agam le rá le Pádraig annso, agus leat-sa, b'éidir; acht sin réir mar thuitfidh amach.

MÁTHAIR. Céad fáilte romhat. Nach suífidh tú cois na teine?

ATHAIR. Ni shuífimid anois, a Mháire. Gabhfamaoid soir 'san seomra go fóill. Tarr uait, a Pheadair.

PEADAR (*ag tarraing buidéil amach as a phóca, agus da shíneadh chun Máire*). Fág ar an mbord annsin é, agus rachamaoid 'n-a éadan nuair bhéas ár ngnó déanta againn.

MÁTHAIR. Fágfaidh mé annso é.

(*Cuireann sí ar an gclár é.*)

PEADAR. Braon as mo still féin atá ann; braon chomh milis agus tháinig as still ariamh – gan go fóil go mblasfaidh tú é.

ATHAIR. Tarr uait, a Pheadair.

(*Téann siad isteach le cheile san seomra agus dunaid an dorus 'n-a ndiaidh.*)

CÁIT. Óra, a mháthair, cad tá ar siúl aca?

MÁTHAIR. Ca fhios dam, a chuisle?

CÁIT. A mháthair, chím ar do shúil nach fios dhuit é sin. Is orm-sa atá siad ag caint, a mháthair.

MÁTHAIR (*ag cur a méir ar a béal*). Éist do bhéal, a Cháit. B'éidir go gcloisfeadh siad tú. Gabh anonn annsin ó'n dorus.

CÁIT. Tá faitios mór ar Dhiarmuid bhocht. Chonnaic mé indiú é. Deir sé go mbionn m'athair agus an sean-stangaire sin Peadar Ó Giobaláin ag ól 'ch uile oiche le chéile i dtigh Sheamuis Uí)Ail, agus tá Diarmuid cinnte go bhfuil sé ag socrú cleamhnais eadram féin agus mac Pheadair. Tá faitios ar Dhiarmuid go dtréigfidh mise é agus go bpósfaidh mé an straoille sin Peadar Óg. A mháthair mo chroí, ni thig liom Diarmuid fhágáil, cibé rud iarrfas m'athair orm.

MÁTHAIR. Dúirt mé le d'athair go raibh grá agat-sa do Dhiarmuid, agus go raibh grá ag Diarmuid duit-se.

CÁIT. Ó! A mháthair, ní fhéadfainn Peadar Óg phosadh, tá gráin agam air.

An Cleamhnas / The Matchmaking

father did not spend a night or two with old Peter talking with him. There is no person living your father has as much respect for as for him. He'd marry you to the devil if he was old Peter's son. Old Peter is not pleasing to me. It is many nights he took the sleep from me with fear your father was drowned in some ditch or bog hole when he didn't come home. Darling of my heart, I will not let him have you if I can help it. That ugly Michael will never get you.

KATE. Aurah, mother of my heart, save me from that man. I will never go with him. I would sooner be thrown into the lake than be married to him. (*Sound of a laugh inside.*) Oh mother, do you hear how well they're getting on. Oh dear mother save me from him! (*She goes to her mother and kisses her.*)

MÁIRE. Quiet Kate, quiet astore, be quiet. Let there be no fear at all on you. I have an old grudge against Peter Ó Giobalán and I will put a spoke in his wheel. You will see yourself that I will put it. If he settles with your father tonight about the wedding and the fortune, I'll make a quarrel for them that will put the wedding and every other thing out of their heads. O Kate, acushla, do you think your mother is married these thirty years and without having knowledge of the best way to lead and to twist and to turn your father, as if it was by his own will.

KATE. Oh dear mother, there is always fear on me. My heart is beating in my body that you would hear it at the other side of the house.

MÁIRE. Let there be no fear at all on you, acushla. I will put in the right word at the right time, and in place of peace there will be war and in place of quietness there will be anger. That is the power women have. They will go away from one another and it is long till they will come together again, and you will get your Diarmuid for yourself. Run now and set the table and put three glasses on it and give out the bottle of poteen Peter brought us a present of to put us in good humour. When they've settled their business they'll be coming in here for a drink. (*Kate begins laying the table. A head rises up and looks in at the window.*)

MÁIRE. The Cross of Christ on us, what is that?

DIARMUID. Listen Máire, it is myself.

MÁIRE. Oh is it you Diarmuid? My soul to God but you gave me a fright. And what brought you here? (*The girl goes over to the window.*)

DIARMUID. Oh Máire, I came running. I was down in Seumas O Hall's house and I heard Patrick was making a match between Kate and Peter Ó Giobalán's son, and that they were here to settle

Selected Plays of Douglas Hyde

MÁTHAIR. Acht, a Cháit, a mhúirnín, tá meas mór ag d'athair air. Do bhéarfadh sé thú do'n mhac mallachtan féin (go bhfóire Dia orainn), dá mba mac do shean-Pheadar é. Tá sé féin agus sean-Pheadar an-mhór le chéile. Ní'l seachtain ó phós me (agus tá sin deich mbliana fichead ó shoin) nár chaith d'athair oíche nó dó le sean-Pheadar, ag seanchus agus ag ól. Nuair nach mbíonn siad ag ól bíonn siad ag seanchus. Acht bíonn siad

CÁIT. Ó, a mháthair! ná sgannruigh mé!

MÁTHAIR. Ná saoil go dtaithníonn sean-Pheadar liom-sa. Is iomdha oíche do bhain sé mo chodladh dhíom le faitíos go raibh d'athair báite i ndíog nó i bpoll móna, nuair nach mbeith se ag teacht a-bhaile. Anois tá d'athair réidh le do thabhairt do'n phótaire úd de mhac atá ag sean-Pheadar, le neart carthanais dó. Acht ní leigfidh mé leis thú, a mhúirnín, má fhéadaim é.

CÁIT. O! a mháthair mo chroí, sábháil mé ó'n bhfear sin. Ní rachaidh mé leis go bráth. B'fhearr liom bheith caite isteach i bpoll móna 'na bheith pósta leis. *(Cluintear gáire taobh istigh de'n dorus.)* Ó! a mhaitrín dhíleas, sábháil mé uaidh sin. *(Téann sí chuig a máthar, agus pógann sí í.)* An gcluin' tú mar tá siad ag gáiri?

MÁTHAIR. Socair, a Cháit! Socair, a stoir! bí socair. Ná bíodh faitíos ort. Corruigh ort anois agus leag an bord, agus cuir na gloiní air, agus an buidéal poitín do thug an gliogaire seo leis. Béidh siad ag teacht amach ag iarraidh dí nuair bhéas an gno déanta aca istigh.

(Tosuíonn CÁIT *ag réitigh an bhuird. Chidhtear cloigeann duine ag éirí agus dearcadh isteach ar an bhfuinneóg.)*

MÁTHAIR *(sgannruithe).* Crois Chriost orainn! Créad é sin?

DIARMUID *(tríd an bhfuinneóig).* Éist, a Mháire! Mise atá ann.

MÁTHAIR. Tusa, an ea! Mánam do Dhia gur sgannruigh tú mé. Cad a thug annso thu?

DIARMUID. Ó! a Mháire, tá and t-anam ag dul amach ar mo bhéal leis an deifir do bhí orm. Chuala mé i dtigh Shéamuis Uí Áil go bhfuil sean-Pheadar Ó Giobaláin annso ag déanamh cleamhnais idir Cháit agus a mhac, Peadar Óg. *(Téann* CÁIT *anonn go dtí an fhuinneóg chuige.)* Tháinig mé ag iarraidh comhairle oraibh. An mbrisfidh mé muineál Pheadar Óig Uí Ghiobaláin – nó créad dhéanfas mé? B'fhearr liom an bás, a Cháit, 'na tusa d'fheiceál ag a meisgeóir sin.

(Cluintear gáire mhór san seomra.)

MÁTHAIR. An measann tú go mbeidh cliamhain de'n tsórt sin agam a choíche? Go deimhin ní bhéidh, má tá aon neart agam-sa air. B'fhearr liom buachaill cneasta macánta 'ná pótaire dá short siud, dá mbeith na céadta púnt aige.

DIARMUID. Tabhair aire dhuit féin. B'éidir go bhfuil sé socruithe anois aca.

An Cleamhnas / The Matchmaking

it. I came running here quick, and it was in my thought to ask help of you. Give me advice. (*Sound of laughter and voices inside.*) Will I break the neck of Michael Ó Giobalán, or what will I do? I would sooner die than Kate to belong to that drunkard of a Michael Ó Giobalán.

MÁIRE. Do you think I will ever let a marriage of that sort come off? Indeed, it will not.

DIARMUID. Take care it isn't settled by them.

MÁIRE (*goes to the door and listens with ear to the keyhole*). No fear. It's the fun of Peelers [obscure] they'll be talking about now. It's when they stop laughing they will come in and begin. I would sooner have a nice civil boy than a drunkard of that sort, if he had a hundred acres.

DIARMUID. Oh Máire, there is great fear on me that they'll settle it for all we can do.

MÁIRE. I tell you there is not danger at all. You will not be parted from Kate whatever happens. I dare say they'll quarrel as it is, but let there be no fear on you, that I will not raise a quarrel between them with some thing or other. Whisht! Do you hear them talking. (*The voices get very loud.*) Keep outside where you are. Stop there at the window. I will leave the window opened and I'll listen at the door. (KATE *is at the window where* DIARMUID *is holding her hand outside.*) It's praising you your father is now. It's making the most of you he is. "Good at milking", "Good at feeding pigs", "Good at turning the hay". So you are now, he needn't be telling him that.

DIARMUID. If she never milked a cow in her life she'd be too good for that tribe.

KATE. What is Peter saying?

MÁIRE (*listens again*). He's making excuses for Michael not coming himself. "In the bed he is", "Not a twist in him today".

DIARMUID. I'll engage there isn't, after the way he was, coming from the fair yesterday.

KATE. What else is Peter saying?

MÁIRE. He's saying Michael is getting a better girl than he got himself when he was his age.

DIARMUID. That's true indeed.

MÁIRE (*excited*). They're getting to the fortune now. Well, we know what your father is giving you Kate. He's asking Peter will he give sixty pounds. Whisht! There they are coming. (KATE *and* DIARMUID *go outside and stand outside the window. Their heads are occasionally seen bobbing up and down. Enter* PATRICK Ó MALAIN *and* PETER Ó GIOBALÁN.)

(*Gáire istigh. Téann an* MÁTHAIR *anonn chum an doruis, agus cuireann sí cluas uirri féin, ag éisteacht ag poll na heochrach.*)

MÁTHAIR (*ag fágáil an doruis*). Ní'l baol ar bith orainn go fóill. Ar Sheán Gabha agus na píléairí atá siad ag caint. Nuair stadfaidh siad de'n gháire tiocfaidh siad thar an gcleamhnas. Sin é an gnó do thug annso iad. Tógfaidh mise clampa eatorra má fhéadfaim é. (*Cluinteas glór go hárd istigh.*) Nó b'fhéidir go mbeith siad fein ag imreas le chéile. Chonnaic mé a leithéid sin go minic. (*Glor níos áirde ó'n taoibh istigh.*) Rachaidh mé go dtí an dorus arís. Fan annsin, a Dhiarmuid.

(*Téann sí chuig an dorus arís, agus éisteann sí. Do bheir* CÁIT *a lámh arís do* DHIARMUID.)

MÁTHAIR (*ag filleadh*). Tá d'athair dod' mholadh-sa anois, a Cháit. Tá sé ag cur síos ar do cháil. Éist! (*Téann sí chuig an dorus arís. Ag filleadh:*) Tá sé 'a rá nach bhfuil do leithéid ann ag bleán bó . . . nó ag beathú muc . . . nó ag sábháil féir. Ní'l focal aige acht an fhírinne.

DIARMUID. Dá mbeith sí choiche gan bó do bleán, is ró-mhaith do bhéith sí do'n dream ud!

CÁIT. Agus créad tá Peadar 'a rá?

MÁTHAIR (*tar éis éisteachta arís*). Ag déanamh leithsgéil atá sé, ar son a mhic, Peadar Óg, nach dtáinig sé le n-a choir . . . Is i n-a leaba atá sé . . . Ní'l cor ann indiu adeir sé.

DIARMUID. Rud nach ionadh, agus an chaoi 'n-a raibh sé ag teacht ó'n aonach indé. Ar dearg-mheisge do bhí sé.

CÁIT. Créad tá Peadar 'rá anois?

MÁTHAIR (*tar éis éisteachta di*). Tá sé 'rá gur fearr an bhean atá ag Peadar Óg a' fáil 'na fuair sé fein nuair pósadh é.

DIARMUID. Is fior dhó sin, ar chuma ar bith!

MÁTHAIR (*ó'n dorus, agus í corruithe go mór*). Ó! 'nois tá siad ag teacht thar an spré! Ta's againn cad é tá d'athair a tabhairt leat-sa.

DIARMUID. Is fearr Cáit féin 'ná a bhfuil de thalamh agus de bha i gConndae Mhuigh Eó.

MÁTHAIR. Tá a hathair ag tabhairt deich bpunt fichead d'airgiod síos, Pairc an Tulacháin, an teach atá ann, an bhó mhaol agus na seacht gcaoirigh atá ar chúl an tí, le Cáit. Tá sin ráite aige le Peadar anois, agus deir Peadar nach bhfuil aon locht air. Tá sé ag iarraidh trí fichid punt ar Pheadar anois.

CÁIT. Ní phosfainn é dá mbeith trí fichid céad punt aige.

MÁTHAIR. Ni thiubhraidh Peadar é. Glóir do Dhia. B'fhéidir go n-eireóidh clampar eatorra fós! (*Éisteann sí arís.*) Acht deir sé go dtiubhraidh sé an móinfhear mór agus Gort an Chapaill i leaba an airgid síos. (*Éisteann sí arís.*) Tá d'athair 'a rá go gcaithfidh sé Gort an Chapaill a thabhairt mar bhí se riamh, sul ar leig sé a leath isteach le Pairc na mBó. (*Éisteann sí arís.*) Ta siad ag árgúinteacht go géar 'n-a thaoibh sin. Ta súil le Dia agam nach réiteoidh siad.

An Cleamhnas / The Matchmaking

PATRICK. Here we are Máire, myself and Peter. We have business to do, and it's no harm you to be here.

MÁIRE. What business is this, Patrick? God save you, Peter.

PATRICK. Big business, Máire. We are going to make a match between Kate and Peter's Michael.

MÁIRE. Sit down first. The table is spread. It is cold the evening is. There's a drop here on the table before you. It's likely you are cold. Why didn't Michael himself come with you? (*They sit down on each side of the table and the bottle between them.* MÁIRE *sits on a chair near them.*)

PETER. Well indeed, he didn't leave the bed today. He was on the mountain last night at the still, and not a twist in him today.

PATRICK. Now Peter, I am going to give the jewel is best to me in the world to you and to Michael. That is my daughter Kate, and there is not the like of her in any girl living in Ireland today, so nice and so kind and so mannerly in speaking and in good humour. At milking cows and at minding pigs and at making butter and at turning hay, there was never the like of her for a good girl. I could not put down all her ways for you. Your Michael would never get her but for the regard I have for you. But Peter, I will give you a fitting fortune for her.

PETER. I am thankful to you, Patrick. Kate is a good useful girl and it is a better girl Michael is getting that I got myself when I was his age.

PATRICK. I told you before what fortune I would give with Kate, thirty pounds of money down, the hillock field, the bald cow and the seven sheep I showed you at the back of the house, but let you give as much at least with Michael. Have you any fault to find with the fortune I am giving with Kate?

PETER. Indeed I can find no fault with it.

PATRICK. Now Peter what will you give. Speak out, avic. You will give sixty pounds with Michael.

MÁIRE (*aside*). Sixty pounds. I wouldn't marry him if he had sixty hundred pounds.

PETER. Sixty pounds! and you only giving thirty pounds. Let you have sense.

PATRICK. You will give fifty-five pounds.

PETER. I am not able, Patrick. I can give no money down at all with Michael. I haven't got it. I laid out a good share of what I had on the big work I did on the farm and on the new house and on other things, but if I haven't got the ready money, I have things that are as good. I will tell you what I will do, I will give Michael the big bog meadow and Gort a' chapaill [the horse field]. Is not that better than money down?

CÁITH (*Tar éis móimide.*) 'Nois a mháthair, cad tá ar siúl aca?
MÁTHAIR. Mo lean! Tá sé réitithe aca; tá Peadar ag tabhairt Gort an Chapaill go hiomlan.
CÁIT. Cad tá siad 'rá anois?
MÁTHAIR. Tá d'athair 'g iarraidh a bhanc mona atá thios ar an bPortach Bán . . . Tá Peadar a' rá nach mbéidh áit aige féin le baint mhóna annsin . . . Deir d'athair go bhfuil banca móna ar an gCnoc Salach aige . . . Deir Peadar nach fiú dada iad sin . . . Deir d'athair go mbéidh sé féin sásta leis . . . Och! Tá Peadar d'á thabhairt dhó!
CÁIT. Ó! A mháthair, má reitíonn siad le chéile, b'fhearr liom-sa bheith marbh.
MÁTHAIR. 'Nois tá d'athair ag iarraidh na lárach deirge air. Táim cinnte nach dtiubhraid sé an láirín uaidh . . . Buíochas le Dia! ni thiubhraidh . . . Ó, mo léan! tá sé ag tairgsint an tsean-ghearráin bhain, agus tá d'athair sásta leis sin. Tá sé dha ghlacadh uaidh. Éist! 'Nois tá d'athair ag iarraidh cruaiche mhóna air . . . Deir Peadar nach mbéidh aon mhóin aige féin, má thugann sé í sin uaidh . . . Deir d'athair, má's mar sin atá, go mbéidh sé féin sásta leis an móin atá aige ar an tsráid . . . Tá Peadar dh'á tabhairt sin dó.
DIARMUID. Is mó an méid atá ar a tsráid aige 'ná atá insan gcruaich!
MÁTHAIR. Tá d'athair a' rá go gcaithfid sé poll prátaí thabhairt do'n lanúin, agus gan iad a chur ag ceannach prátaí an chéad bhliain . . . Deir sé nach bhfuil prátaí ar bith aige acht iad sin . . . Deir d'athair go bhfuil prátaí aige ins an sgioból, agus go mbeidh sé sásta leó-san . . . Níl sé a' fáil focail ag Peadar . . . Thug Peadar na prátaí dhó. Ó! mo léan!
CÁIT. Ó, a mháthair!
MÁTHAIR. Tá sé 'g iarraidh cuinneóige agus feircín ime ar Pheadar anois . . . Ó! thug Peadar dhó é . . . 'Nois tá sé ag iarraidh na sean-chráin-mhuice ar Pheadar . . . Tá súil agam nach dtiubhraidh Peadar sin! . . . Deir d'athair go ndéanfaidh sí an lanúin óg a chongbháil o throid! . . . O! béidh imreas aca anois go cinnte!
(*Cluintear glór árd agus díospóireacht istigh.*)
MÁTHAIR. Buíochas le Dia, tá tú sábhálta . . . Acht níl . . . níl . . . Ó! Tá sé ag tabhairt na sean-chránach uaidh 'n-a dhiadh sin. Go deimhin níor shaoil mé go raibh sean-Pheadar chomh fial sin . . . Óra! a Cháit, a mhúirnín, tá siad a' rá go bhfuil an cleamhnas beag nach déanta.
CÁIT. Beag nach déanta! Ochón go deo!
MÁTHAIR. Ó! Mhúire, Mhúire! Cad é an rud iarrfas sinn air nach dtiubhraidh sé? Cad é an rud is mó chuireann se suim ann?
DIARMUID (*go searbh*). 'Sé an poitín an rud is fearr leis, ar an

PATRICK. There is no fault on it, but you will give it the way it was before and not the way it is now, with two years you didn't make up the fences and since you put the half of it with Pairc na mbo [the field of the cows].

PETER. Not at all, Patrick, I didn't put but a little rushy piece with Pairc na mbo. I will give the big bog meadow, and Gort a' chapaill the way it is now.

PATRICK. Oh maiseadh. If it must be so, but...

MÁIRE. If it's only a rushy little bit he took from the field, won't it be the same with him to put that rushy little bit into the bargain?

PETER (*quickly*). But I have a big fence and a new boundary made. Now it's not worth while changing the fence.

MÁIRE. That's only an excuse, Patrick. If he will give the field as it was before, can't we change the fence ourselves?

PATRICK. True for you Máire. Now Peter, give up your share of talk. Give Michael the field the way it was before. That is settled now. Gort a' chapaill as it was long ago, is for Michael.

PETER. My conscience! It isn't right, but if you put it to me so hard as that, I can't refuse it.

PATRICK. All right Peter. And now you will give Michael the bank of turf you have down in the Purtach ban [the white bog].

PETER. O King of virtue! And where will I get my share of turf?

PATRICK. Up in Cnoc Salac [the hill of the willows]. You have a bank there always.

PETER. O Lord, that bank I have up there is no good at all. I don't get seven loads in the year from it. There's no place in it to spread the turf. That bank in Cnoc Salac isn't worth a pin.

PATRICK. I did not think that, but if it is so...

MÁIRE. If that bank on Cnoc Salac is no use to him, it is likely he would give it to Michael.

PATRICK. True for you, Máire. Now Peter, give the bank of turf you have on Cnoc Salac to Michael. That's settled, isn't it?

PETER. It's not right, it is, but let it be so, if you put it as hard as that on me.

PATRICK. Now Peter, give the red mare with the turf to be drawing it home.

PETER. The red mare! Oh King of virtue! That would leave me nothing but the old white garran before my own share of work, that spent old beast, blind and lame.

PATRICK. The white garran was good enough last year, if he is lame and blind now.

MÁIRE. Oh Patrick, if the old white garran is spent and lame and

domhan – leis féin agus leis an mbolgadán de mhac atá aige. Gráin go deó ar an mbeirt aca.

MÁTHAIR. Poitín! Ó, nach mise an t-amadán nár chuimhnigh air sin roimhe seo! Cuirfidh mé faoi d'athair, a Cháit, an tsean-still d'iarriadh air. Dá mbeith sé dul isteach i bhfláitheas amarach, agus an tsean-still do ghreamú san dorus, ní rachadh sé isteach 'n-a héagmais. Ó! Tá siad ag éirí . . . Tá siad ag teacht isteach annso. Gabh i bhfolach, a Dhiarmuid. Na leig doibh thú fheicsint.

DIARMUID. A Cháit, a stóir, tarr amach chugam annso; agus béidh misneach agam, acht thusa do bheith i n-éineacht liom.

CÁIT. Tiucfadh, a Dhiarmuid. Béimid ag éisteacht fa'n bhfuinneóig. Ó! a máthair, déan do dhichioll anois nó riamh.

(*Gabhann sí amach chuige.*)

MÁTHAIR. Seo iad!

(*Fosgailtear dorus an tseomra, agus tagann an bheirt fhear amach.*)

AN tATHAIR. A Mháire, tá 'ch uile shórt ag dul ar aghaidh go breá linn. Tá an cleamhnas déanta, nach mór. Tabhair deoch dúinn, agus criochnomaoid é.

PEADAR. Tá, a Mháire. Tá 'ch uile rud socruithe anois, thig liom a rá.

MÁTHAIR. Tá fhios agam cad é atámaoid féin a thabhairt le Cáit; innis dam anois cad é a chaoi ar shocruigh Peadar leat, a Phádraig.

(*Cuireann* DIARMUID *agus* CÁIT *a gcloginn isteach ar an bhfuinneóig ag éisteacht. Sméideann an* MÁTHAIR *ortha agus cuireann sí a méar ar a béal, nuair nach bhfuil an bheirt eile ag dearcadh uirri.*)

ATHAIR. Fan go foil anois, go cuimhneoidh mé ortha. (*Tosuíonn sé ag cómhaireamh ar a mhéara.*) Tá sé ag tabhairt an mhóinfhéir mhóir agus Gort an Chapaill le Peadar Óg. Sin Gort an Chapaill mar bhí sé sul ar athruigh sé an claidhe, sul ar chuir sé a leath isteach le Pairc na mBó. Agus, a dó, atá sé ag tabhairt an bhainc mhóna atá aige ar an gCnoc Salach, agus ní holc an banc é. Agus, a trí, tá sé ag tabhairt an tsean-ghearráin bháin le dul faoi an gcárr Dia Domhnaigh, agus leis an móin do tharraing a-bhaile. Agus, a ceathair, tá sé ag tabhairt na móna go léir atá aige ar an tsráid do'n lanuin. Agus, a cúig, tá sé ag tabhairt na bprátaí atá aige ins an sgioból; tá oiread is tonna ann. Agus, a sé, atá sé ag tabhairt cuinneóige agus feircín ime. Agus, a seacht, tá sé ag tabhairt na sean-chránach. (*Ag gáire.*) Dúirt mise leis nach raibh dada do chongbhóidh an lanúin óg ó imreas chomh maith le bheith ag freastal ar an tsean-chráin. 'Nois, a Mháire, cad deir tú?

MÁTHAIR (*go mí-shásta, mar 'dheadh*). Agus an é sin an méid!

AN BHEIRT FHEAR (*agus ionadh orra*). 'An é sin an méid!'

ATHAIR. Cad chuige deir tú sin, a Mháire? An ndéarnaidh mé aon rud as bealach? Ar dhearmad mé aon phioc?

blind, what is the good of him to Peter. We will take him in place of the red mare.

PATRICK. That is true, Máire. Keep your red mare, Peter, and give the white garran to Michael. That is settled. Now give them a rick of turf with the bank. They will not have a sod of turf, if you don't do that.

PETER. Oh King of virtue! Isn't that the rick of turf I have against the winter! My turf for the year is in that rick. There won't be a sod left to me if you take that from me.

MÁIRE. Well Patrick, if he has his turf for the year there, it is likely he will give what he has out in the yard for the children. We won't ask more than that of you, and I daresay they will get what will do for the year in it.

PATRICK. My soul to God it is true for you, Máire. Well Peter, let you keep your rick of turf and give the turf you have in the yard. That is settled. Now Peter you must give them the big pit of potatoes you have in the field. You would not let them be buying potatoes for themselves in the first year.

PETER. Oh King of Virtue! It is what they want, to put myself buying potatoes. Those are the potatoes I have against the winter. If you take those from me, I am robbed, I have none but those.

PATRICK. I did not know that was the way with you. If it is true you have none but that...

MÁIRE. Oh Patrick, he thinks he has but the pit of potatoes in the garden. But he forgets he has a heap of potatoes in the barn. It's likely he will give the children what is in the barn and keep the pit for himself. (*Aside to Patrick*.) He is throwing dust in your eyes.

PATRICK (*aloud*). It's true for you Máire. Keep your pit, Peter, and give Michael what is in the barn. That is settled.

PETER. You are putting it too hard on me, and it doesn't please me. But let it be so.

PATRICK. Wait a while now till we see what way the children are. They have a house, they have land, they have a cow, they have turf, they have potatoes, they have a horse, they have money. But look now, they have no oats. It is you must give the oats.

PETER. Oats!

PATRICK. That's it, oats. And another thing, they have no butter to eat with their share of potatoes. You must put the firkin of butter you have with the oats.

PETER. Oh King of virtue! And what will I do myself?

MÁIRE. Oh Patrick. Didn't the cow calve with us but Sunday. She will give us butter from this out.

PATRICK. True for you, Máire. Now Peter, that is settled. And the bed, Peter, the bed! I am giving the choice of beds in the house,

MÁTHAIR. Ní hea, acht is é Peadar Ó Giobaláin annsin do dhearmad tairgsint gheanúil do thabhairt duit-se.

PEADAR. Tairgsint gheanúil! Nach bhfuil mé fagtha lom, agus an méid do thug mé dhaoibh. An é mo chroicionn do bheithea ag iarraidh a bhaint anuas do mo chnámha.

MÁTHAIR. Agus nach dtug Pádraig féin a lán uaidh, mar a gcéadna? Budh chóir dhó bheith ag fáil ruidín bhig éigin dó féin, agus é ag cailliúint a chailín óig, agus an oiread sin airgid leí.

ATHAIR. Fíor dhuit, a Mháire, ní beidh mórán sóláis agam as ro amach, agus mo chailín beag imithe uaim.

(*Triomuíonn sé a leath-shúil. Cluintear srannfartaigh ag a bhfuinneóig. Imíonn ceann* CHÁIT *agus ceann* DHIARMADA, *do bhí sáite tríd an bhfuinneóig, as amharc.*)
Cad é sin?

MÁTHAIR. Ó! An rógaire cait úd atá ag an bhfuinneóig. Huis! huis! Gabh amach as sin, a chait!

MÁTHAIR. Sé r'd a bhí mé 'rá, a Pheadair, nár mhór dhuit an tsean-still atá agat ar an bportach do thabhairt isteach san margadh, agus annsin d'fhéadfadh Pádraig lámh a thabairt do'n lanúin ag déanamh an uisge-beatha, agus do bhainfeadh sé an t-uaigneas dé. Béidh sé uaigneach feasta, an créatúir, gan a chailín óg. Tabhair an still dó, agus b'fhéidir go gcuirfeadh sé meisneach ann.

PEADAR. Diabhal baol orm! Ní thiubhrad pioc dé. Ní dairire atá sibh ag iarraidh mo stille orm! Ná saoil go bhfuighidh sibh í. An iomarca atá pioctha agaibh asam cheana!

ATHAIR. M'anam a Dhia! a Pheadair, na bí crosta. Ní fiú mórán an tsean-still, agus tá sé chomh maith dhuit a tabhairt isteach san margadh – mar aguisín, tá's agat – agus sásóidh sé Máire. Déan, agus béidh an cleamhnas réidh. Seo mo lámh dhuit nach n-iarrfaidh mé aon rud eile ort, beag ná mór.

(*Sáitear an dá chloigeann isteach an fhuinneóig arís, ag éisteacht. Bagrann an mháthair ortha.*)

PEADAR. A Phádraig, shaoil mé riamh go dtí anocht gur fear cóir do bhí ionnat. Shaoil mé gur duine fialmhar fairrsing thu. Acht, m'anam ó'n diabhal anocht agus ní ó Dhia! nior stop tú ó tháinig mé isteach acht do mo phiocadh agus do mo réabadh agus do mo streachailt agus do mo tharraingt ó chéile. Níor fhág tú aon rud agam acht an teach agus na ceithre ballaí. Tá mé sgriosta, robálta, agat. Agus ni dhéanfadh an méid sin bhúr ngnó, acht sibh a bheith ag iarraidh mo stille orm, nuair tá fhios agaibh go maith gur fearr liom í 'ná an teach féin. Tá mé bearrtha, feannta, pioctha lom agaibh!

MÁTHAIR. Ó, a Thiarna! Éist leis anois, a Phádraig. Cad é an mhaith atá i n-a shean still. Ag tógáil clampair atá sé. Ní shásóinn é

An Cleamhnas / The Matchmaking

but then they have not a blanket or a sheet for it, nothing but the bare boards. You must give them a pair of blankets, two pair of sheets and a quilt. They will not be cold in the night then.

PETER. Well Patrick, since you are giving the bed, it is right for you to give that.

MÁIRE. I have not them to give, but you have them. I often saw them on the fence. (*Aside.*) That's only an excuse he has, Patrick.

PATRICK (*aloud, not satisfied*). True for you Máire. But if Peter asks us to give them, my soul to God, I will give them, if I lose seven pound buying them. Give me your hand Peter, isn't the little match made. Another drink Máire, we are ready now. Give me a light. May good be with you. But there is one thing—what is that? (DIARMUID *puts his head through the window and makes a sign to* MÁIRE *with his hand to draw her away.*)

MÁIRE. Oh that is the rogue of a cat at the window. Cius! Mush! Get out cat.

PATRICK. I was going to say, there will be loneliness on them without anything in the place but themselves. Give them the old sow now Peter to bring warmth into the house. They will have provision without delay and it will be nice light work for the children to be minding it. It will keep them from quarrelling. Since I am giving the coverings for their bed to keep them warm in the night, give you the old sow.

PETER. Don't ask me any other thing and I will give that. My soul to God, there won't be any couple in the county so well off as they will be.

MÁIRE (*aside*). I didn't think Peter was that generous. I am beaten now if I don't play a good card.

KATE (*despairingly*). I am thinking the match is as good as made.

MÁIRE (*to Diarmuid*). What in the world can we ask him for now that he won't give. What is it he thinks most of in the world?

DIARMUID (*softly*). Poteen is what he cares most for in the world, himself and his son.

MÁIRE. That's true. Why didn't I think of that before. Why didn't I tell your father to ask him for the old still that he has in the bog beyond? He wouldn't give up his still if it was to stick in the door and he going in to heaven. (*Goes back to* PATRICK *and* PETER.) I am thinking the match is as good as made. The children have everything that is fitting. There is but one thing only, and that is a drop of drink cold nights. I was sure Peter would give them the old still and the bit of wild bog that no person comes near at Pairc tulacán [the hillock field].

anois gan an tsean-still do bhaint de. An gcluin tú é, a Phádraig? Thug sé cráiteachán ort!

ATHAIR. Cad é seo atá in do cheann, a Pheadair? Ná bíodh fearg ort. Ní thug tu cráiteachán orm! Ní féidir go dtug tú cráiteachán orm.

PEADAR (*ar buile*). Thugas! cráiteachán agus préachán leis, agus bhéarfad ort arís é, nó ar aon duine eile nach bhfuil sásta le trí cheathramhna do mo mhaoin shaolta do bhaint diom, gan Mo still bhreá áluinn d'iarraidh orm.

MATHAIR. Ó, a Phádraig, éist leis anois!

ATHAIR. Ara! bíodh ciall agat, a dhuine.

PEADAR. Ní bheidh ciall agam! Tá mé ar mire agus ar buile, agus ar dearg-bhuile! Mo stillín d'iarraidh orm! An still a bhí ag mo sheacht sinsir romham. An still a chaill athair mo shean-athar a bheatha leis; an still a thug deoch ar leaba a bhais dom shean athair; an still a bhí ag m'athair féin gur báitheadh é san oíche ag teacht a-bhaile lei, agus an still atá agam-sa ariamh ó shoin, agus do rinne riamh dam uisge beatha chomh maith agus chomh milis agus do gheobhfá i gcúirt na Bainríona é; an still a bhfuil copar i n-a bhun agus miotal i n-a bhárr agus 'ch uile alt innti chomh mín agus chomh sleamhain le coinlín; an still do bheannuigh an naomh do bhí ins an tír sea fad ó, na céadta bliain ó shoin; an still a bhfuil de bhua innti nár gabhadh í le gauger, ná le peeler, ná le haon duine eile ariamh, agus nach ngeobhthar choíche; an still a chuir ar meisge mé trí chéad uair gan tinneas builg na cinn do chur orm; an still nár chlis an t-uisge beatha ariamh uirri, acht é theacht amach aiste chomh milis le bainne ó'n mbó. Agus tá sibh-sé d'á iarraidh sin orm! Acht cuirim mo dhushlán fuibh araon, a Pháidin na smaoise, a chráiteacháin an mhí-ádh, a ghaduí gan náire!

MÁIRE. Ó! a Phádraig, an leigfidh tú sin leis?

ATHAIR. M'anam ó'n diabhal, a Mháire, ní fhéadaim é sin do seasamh. (*Iompuíonn sé go feargach ar* PHEADAR.) A bhoilg mhoir, a ghoile go muinéal, a shean-photaire ar mire, a ropaire an ólacháin, a Pheadair na Sróna, gluais leat láithreach. Acht go bhfuil mé in mo thigh féin do leathnóinn an tsrón dhearg sin ar do chab mór. Gabh amach as so, nó brisfidh mé do mhuinéal! 'Mach leat, nó . . . Bhfuil tú 'g imeacht?

PEADAR. Tá mé ag imeacht, a Pháidin shalaigh an bhéil mhóir chabaigh, a rógaire ghaduí, agus nar bh'fhearrde go deó thu. Nuair bhéas tú ar leaba do bháis go maithfidh Dia dhuit do ghoid 's do robáil. Acht go bhfuil do bhean i láthair, ní fhágfainn oiread agus oslach de'n chroicionn ar do chorp gránna nach mbuailfinn chomh dubh leis an áirne.

(*Preabann sé amach an dorus.*)

ATHAIR (*dh'á leanúint, ag glaoch go hárd 'n-a dhiadh*) – Gabh a-bhaile anois, agus nár fheicim do phluc bhulgóideach, ná do shrón

An Cleamhnas / The Matchmaking

PATRICK. That's it Máire, he will give that.

PETER. The devil's danger on me, I will not give it. Is that the talk, that you are asking my still of me? It is too much you are picking out from me already.

PATRICK. But my soul to God, Peter, don't be vexed. The still is not worth much. It's as good for you to put it in the bargain as I say. Do that and the match will be settled. Here's my hand to you that I won't ask any other thing, big or small.

PETER. Well Patrick, I always thought till tonight that you were a great man, generous and openhanded. But my soul to the devil and not to God, you did not stop since I came in from picking and tearing at me and dragging at me together. You have left me nothing but only the house. I am robbed and skinned by you. And now you are not satisfied without asking my still of me, when you know well I think better of it than of any other thing I ever had; I am shorn and robbed and destroyed and picked bare by you.

MÁIRE. Listen to him now, Patrick. What's the good of the old still to him? Making a quarrel he is. Don't be satisfied now without getting the old still from him. He is putting abuse on you, Patrick.

PATRICK. What is come into your head, Peter? Don't be putting abuse on me.

PETER. I did and I will put it on you again, abuse and every other sort, or on any other person that is not satisfied with snapping any three quarters of my means from me without asking my beautiful old still from me as you did now.

MÁIRE. Oh Patrick, listen to him.

PATRICK. Arrah. Let you have sense, Peter.

PETER. I will not have sense. I am mad and angry and red angry. To ask my still of me! My still that belonged to my fathers before me, the still that killed my grandfather's father and belonged to my grandfather till he got his death by it, and to my father himself till he was drowned one night coming back from it, that was my own ever since, that kept me in whiskey as good and as sweet as you could get at the court of the queen. The still that has copper on its bottom and metal at its top and every part nicer than another and as smooth as a bird's breast, the still that was blessed by the saints that were in the country hundreds of years ago, the still that never came into the grip of the peelers or of anyone at all; the still that made me drunk three hundred times without putting a pimple on me or putting a pain in my head, the still that never kept back the whiskey, but it coming out as sweet as milk from the newly calved cow. And you to be asking that of me. But you will not get

mhór dhearg, ná do cheann cam carrach go ceann seacht mbliain. Rith leat anois.

(*Cailltear a ghuth ins an oíche.*)

DIARMUID (*agus a cheann tríd an bhfuinneóig*). Míle buíochas le Dia! Tāmaoid sábhálta.

MÁTHAIR. Amen. Tigí isteach anois. Tarr isteach, a Cháit, a chuisle! Dúirt mé leat go ndéanfadh do mháthair an gnó!

(*Tagann siad isteach tríd an dorus, lámh ar láimh.*)

DIARMUID. A! a Cháit, a stóir, tá tú sgannruithe!

CÁIT. Bhí me sgannruighe, a Dhiarmuid; acht tá mo mhisneach agam arís.

MÁTHAIR. Tá tu sábhálta agam, a mhúirnín, bíodh muinín agat as do mháthair i gcónaí.

ATHAIR (*ag filleadh*). An sean-steangaire! An bolgadán gránna! An meisgeóir gan náire! . . . (*Féachann sé* DIARMUID *AGUS* CÁIT *LE CHÉILE.*) Créad é seo?

MÁTHAIR. Ó! a Phádraig, seo é Diarmuid Ó Riain do tháinig isteach ag iarriadh Cháit do féin, agus go deimhin ní shásóinn an seanbhruid úd í a thabhairt d'á mhac anois! Tabhair do Dhiarmuid í. Agus, chor leis sin, tá grá aca d'á chéile. Dúirt mé é sin leat. Agus tá fiche acra de'n talamh is fearr san bparáisde ag Diarmuid.

CÁIT (*dh'á caitheamh féin ar bhrollach a athar*). Ó! A athair, déan, tá grá againn d'á chéile.

ATHAIR. Ní thiubhrainn thú do'n spreallaire úd, Peadar Óg Ó Giobaláin anois, dá mbeith gach poca da bhfuil aige ag pléasgadh leis an ór. Seo, an Dhiarmuid, glac í, agus mo bheannacht leí (*leis féin*) . . . cráiteachán! préachán! an sean-ghliogaire! . . .

CÁIT. Ó! A athair, tá an sonas orm anois.

MÁTHAIR (*ag sméideadh a súl ortha*). Sea, a pháisti, ó tá an t-athair toilteanach rachamaoid go dtí an sagart anocht, agus socromaoid leis. Ní bhéidh aon fheearg air nuair chloiseann sé an gnó atá againn leis. (*Le* DIARMUID). Amach libh nó b'fhéidir go dtiochfaidh aithreachas air nuair fuaróidh sé.

(*Imíonn siad i dtriúr amach. Téann an t-athair go dtí an bord. Doirteann sé amach gloine photín. Blasann sé é, agus blasann sé arís é, agus é ag allabhair leis féin.*)

ATHAIR. Ní bréag dó a rá go ndéanann an still úd poitín milis. Go deimhin níor bh'olc liom í. Dá mbeith sí agam féin mar aguisín!

(*Ritheann* SEÁNÍN *isteach. Caitheann sé é féin síos cois na teine, agus sgairteann sé ar gháirí.*)

SEÁNÍN. Ó! hó, hó! – Ó! hó, hó!

ATHAIR. Cad tá ort, a mhic?

SEÁNÍN. Óra, a athair! Óra, a athair!

(*Ní thig leis labhairt le neart gáire.*)

An Cleamhnas / The Matchmaking

it from me. I put my challenge on you, Patrick, you lickplate, you blighter, you grafter without shame.

MÁIRE. Oh Patrick, will you put up with that?

PATRICK. My soul to the devil, Máire, I won't stand that. You old drunkard, you tippling miser, Peter of the nose, let you march this minute. If I wasn't in my own house I would break your skull and drive you out with the stick. Away with you. Leave that. Get out. And take care would you break your neck going home, you good for nothing without sense.

PETER. I am going, Patrick, you foul-mouthed villain; and may you have no luck for ever. May God keep your people from you. If your wife wasn't in presence there isn't an inch of your ugly body I wouldn't leave as black as coal. (*He gets up and rushes out.*)

PATRICK (*following him*). Get home and that I may never see your big cheeks and your red nose and your mangy head to the end of the year. Run now. (*His voice is lost in the night.*)

DIARMUID (*putting his head through the window.*) Glory be to God.

MÁIRE. Glory be to God. Come in. (*calling*) Come out, Kate! (*Diarmuid and Kate come in at the door and put their arms about one another.*)

DIARMUID. Oh Kate, there was great fear on me!

KATE. Oh Diarmuid, and on myself.

DIARMUID. Treasure of my heart, you are saved.

KATE. We'll never part from this out, my store.

PATRICK (*comes in in a fury*). My soul from the devil, what brought you in here and what are you doing at this time of night? Keeping a hold of my daughter are you? Máire, give me my stick.

MÁIRE (*soothing him*). Quiet, Pat, quiet.

PATRICK. My soul from the devil, why should I be quiet? What is Diarmuid O Ryan doing here with Kate? There being anger enough on me before, in the namé of God, don't put more on me. I will kill someone tonight for certain.

DIARMUID. Listen Patrick, it's to ask Kate of you I am come and say now what you have against it.

PATRICK. I have nothing against it. Do what you like, do what you like.

MÁIRE. Come away, we'll go to the priest. We'll settle now he has given us leave. (*They go out leaving him alone.*)

PATRICK (*sits down and pours out a glass of poteen, and sips it*). Well, that still would have been a nice thing to have for myself. (*Enter* SEÁNEEN, *sits down, burst into guffaws of laughter* "U hu hu, u hu hu".) What is this your laughing at Seáneen?

ATHAIR. Ara, cad ta ort? Stad agus labhair linn.

SEANÍN. Ó! hó, hó! Tá na peelers t'réis an still a bhí ag Peadar Ó Giobaláin d'fháil san bpurtach; tá sí aca anois; agus tá siad a rá, an té ar leis í, go gcuirfidh sé an oíche thairis ins an bpríosún i nGaillimh, má bheireann siad air. Ó! hó, hó – bhí mé ar chúl an tuim agus mé ag éisteacht leó.

ATHAIR (*Tuiteann an ghloine as a láimh agus bristear í*). By gob.

An Cleamhnas / The Matchmaking

SEÁNEEN. U hu hu! True for that a night.[1] The peelers are after finding Peter O Giobalán's still in the bog. They have it brought away with them and they're calling out that if they find the man that owns it, they'll have him in Galway Gaol by morning.

PATRICK (*the glass falls from his hand*). By gob.

---

[1]. The ms. is obscure at this point. There are a number of possible readings, but none seem correct.

A SELECTED CHECKLIST

Douglas Hyde (*pseudonym: An Craoibhin Aoibhinn*)

compiled by Frances-Jane French

Plays

An Tincéar agus an tSidheóg, (with trans. Belinda Butler, *The Tinker and the Fairy*), M.H. Gill, Dublin, 1902. Trans. Lady Gregory, *The Tinker and the Sheeog*, in *Poets and Dreamers*, (Coole Edition, Vol. XI), Colin Smythe, Gerrards Cross and OUP, New York, 1974.Irish Text and Belinda Butler's trans. set to music as an Opera, Michele Esposito, Op. 53, *The Tinker and The Fairy*, in *Breitkopf & Hartel's Edition of Vocal Scores*, Breitkopf & Hartel, London, Leipzig, Berlin, Brussels, and New York, 1910.

Casadh an tSugáin or the Twisting of The Rope, An Cló-Chumann, Dublin, nd (1905), [Text in Irish, with English trans. by Lady Gregory.] Originally published in *Samhain*, Dublin, Oct. 1901, No. 1, pp. 20–38. English trans. only reprinted in: Lady Gregory, *Poets and Dreamers*, Hodges Figgis & Co., Dublin and John Murray, London, 1903, and Scribners, New York, nd; reprinted, Hodges Figgis & Co., 1903 (twice). Reprinted in *Poet's and Dreamers*, (Coole Edition, *op. cit.*)

Pleúsgadh na Bulgóide or The Bursting of The Bubble, Gill & Son, 1903, (trans. and notes by G.G. – ie. Lady Gregory.) Originally published in *New Ireland Review*, Dublin, May, 1903, Vol. XIX. No. 3, pp. 164–185. Reprinted in *Poets and Dreamers*, (Coole Edition, *op. cit.*)

Dráma Breithe Chriósta, (with trans. Lady Gregory, *The Nativity – a Miracle Play)*, Gill & Son, Dublin, (1904). Originally published, *Weekly Independent*, Dublin, Dec. 1902. English trans. only reprinted in *Poets and Dreamers*, (1903 edition, *op. cit.*) Reprinted in *Poets and Dreamers* (Coole Edition, *op. cit.*). Irish text only, *Breith Chríosta*, Stationery Office, Dublin, 1935, (Cluichí Gearra XXV.)

Righ Seámus, (with trans. Lady Gregory), An Cló-Cumann, Dublin, 1904. English Text only, reprinted in *Poets and Dreamers*, (Coole Edition, *op. cit.*)

An Cleamhnas, An Cló-Cumann, Dublin, 1904. Originally printed in *Irisleabhar na Gaedhige*, (*The Gaelic Journal*), Dublin, Dec. 1903, Vol. 13, No. 159, pp. 446–449; and Jan. 1904, Vol. 14, No. 160, pp. 472–475. Trans. Lady Gregory, *The Matchmaking*, *Poets and Dreamers*, (Coole Edition, *op. cit.*)

An Pósadh, Gill & Son, Dublin, 1905. Trans. Lady Gregory, *The Marriage*, (originally, *The Wedding*), *Poets and Dreamers*, (1903 edition, *op. cit.*)

A Selected Checklist

The Poorhouse, in *Spreading the News, The Rising of the Moon by Lady Gregory, The Poorhouse by Lady Gregory and Douglas Hyde*, (Abbey Theatre Series, Vol. IX, First Series), Maunsel & Co., Dublin, 1906. Irish text, Douglas Hyde, *Teach na mBocht*, *Samhain*, Dublin, Sept. 1903, No. 3, pp. 13–24. English trans. only, *The Collected Plays of Lady Gregory*, Vol. IV, Coole Edition, Vol. VIII, 1971. Irish text only, Stationery Office, Dublin, 1934, (Cluici Gearra XXI).

An Naomh ar Iarraidh, (with trans. Lady Gregory, *The Lost Saint*, Gill & Son, Dublin, nd (?1913). Originally published in *Samhain*, Dublin, Oct. 1902, No. 2. pp. 14–23. English trans., *Poets and Dreamers*, (1903 edition *op. cit.*, and Coole Edition, *op. cit.*) Irish text, Stationery Office, Dublin, 1934.

Maistín an Bhéarla, (The Mastiff of the English Language), Gill & Son, Dublin, 1914, (a bilingual play). Also, *Weekly Freeman*, Dublin, Dec. 1904, Christmas No. as *An Maighister Sgoile*, (The School Master). English trans., *Poets and Dreamers* (Coole Edition, *op. cit.*)

Prose and Poetry (Irish Traditional)

Leabhar Sgeulaigheachta, Gill & Son, Dublin, 1889, (Folklore Stories in Irish and notes on text in English); publication of book financed by Rev. Euseby D. Cleaver.

Beside the Fire, edited, translated and annotated by Douglas Hyde, David Nutt, London, 1890, (a Collection of Irish Gaelic Folk Stories, with additional Notes by Alfred Nutt).

Cois na Teineadh, Gill & Son, Dublin, 1892, (Folklore Stories in Irish and note.)

Contes Irlandais, Oberthur, Rennes, 1893, (extracts from *Leabhar Sgeulaigheachta*, French trans. Georges Dottin). *Contes Irlandais*, (Irish text of hitherto untranslated stories from *Leabhar Sgeulaigheachta*, with French trans. Georges Dottin), Plihon et Hervé, Rennes and H. Welter, Paris, 1901.

Abhráin Grádh Chúige Connacht or Love Songs of Connacht, (being the Fourth Chapter of the 'Songs of Connacht'), collected, edited and translated by Douglas Hyde, T. Fisher Unwin, London, and Gill & Son, Dublin, 1893, text in Irish, with English trans. Originally published in serial form in *The Nation*, Dublin; and *Weekly Freeman*, Dublin, 1892 and 1893. English trans. only, *Love Songs of Connacht*, Dun Emer Press, Dundrum, 1904. Irish text only, The Stationery Office, Dublin, 1931.

The Three Sorrows of Story Telling and Ballads of St. Columkille, T. Fisher Unwin, London, 1895, (English trans. contains: Deirdre; The Children of Lir; The Children of Tuireann; Songs of St. Columkille — Corriebhrecan, The Druid, The Heron, The Prophecy, Columcille's Death, Columcille Song, and Farewell to Dana).

An Sgeuluidhe Gaodhalach, Oberthur, Rennes, 1895 (Irish text with French trans.) [Cuid I]; 1897 [Cuid II]; 1901 [Cuid III]. Originally published in *Annales de Bretagne*, (Rennes).

An Sgéaluidhe Gaedhealach, David Nutt, London; and Gill & Son, Dublin, 1901. Also, *Contes Irlandais*, Plihon et Hervé, Rennes; and H. Welter,

Selected Plays of Douglas Hyde

Paris, 1901. *An Sgéuluidhe Gaedhealach (Sgéalta as Connacht)*, Irish Folklore Institute, Dublin, 1933.

Ceithre Sgeulta, Gill & Son, Dublin, 1898, (schools' edition). German trans. Eugene Diedenich, Jena, 1923.

Ceithre Sgéulta Eile, Gill & Son, Dublin, 1902, (Gaelic League Publication).

An Sgéaluidhe Gaodhalac, M.H. Gill & Son, 1904.

Annotated Irish Texts by The Christian Brothers: An Sgéaluidhe Gaodhalac, M.H. Gill & Son, Dublin, 1904, (schools' text).

Taidhbhse an Chrainn, M.H. Gill & Son, Dublin, nd (?1906), (Easy Irish Texts, No. 1, edited by N. Fegan & Thomas O'Kelly).

An Carbh Breac, M.H. Gill & Son, Dublin, 1906, (Easy Irish Texts, No. 2).

Five Irish Stories, Gill & Son, Dublin, 1896, (trans. of tales from *Sgeuluidhe Gaodhalach*).

Four Irish Stories, M.H. Gill & Son, Dublin, 1898, (trans. of tales from *Sgeuluidhe Gaodhalach*).

Bancanna Tíre, Irish Agricultural Organization Society, Dublin, 1899, (Irish trans. of pamphlet in English by A.E.).

Giolla an Fhiugha or The Lad of The Ferule: Eachtra Cloinne Rígh na h-Ioruidhe or the Adventures of the Children of The King of Norway, (ed. and trans. with notes and glossary by Douglas Hyde and preface by Frederick York Powell), David Nutt, London, 1899, (Irish Text Soc. Vol. 1).

Fáith-sgéal – An Allegory, The Irish Book Co., Dublin, 1901, (The Leighean Eirean Series, No. 5. ed. Norma Borthwick, – Irish text and English trans.)

Trí-Sgéalta, The Gaelic League, Dublin, 1902, – (Munster Stories of Conchubhar Ó Deasúmhna, collected by Douglas Hyde with notes and glossary).

Filidheacht Ghaedhealach, M.H. Gill & Son, Dublin, 1902, (Irish text and English trans., Society for the Preservation of the Irish Language, Macternan Prize Essays: No. II, Irish Poetry).

Abhráin atá leagtha ar an Reachtúire, or Songs ascribed to [Anthony] Raftery. Being the fifth chapter of the Songs of Connacht. Now for the first time collected, edited and translated by Douglas Hyde, Gill & Son, Dublin, 1903. Originally published in the *Weekly Freeman*, Dublin, nd.

Naoi nDánta leis an Reachtabhrach, Gill & Son, Dublin, 1907, (nine poems from *Abhrain atá leagtha ar an Reachtúire*, Irish text for schools with preface in English by Douglas Hyde). Reprinted, Stationery Office, 1935, 1969.

Airgead Saor, Irish Agricultural Organization Society, Dublin, nd (?1905), (I.A.O.S. Leaflet, No. 2A, Rural Banks).

Abhráin Diadha Chúige Connacht or The Religious Songs of Connacht, – A Collection of Poems, Stories, Prayers, Satires, Ranns, Charms, etc. Cuid I. (being Chapter VI of the Songs of Connacht) Now for the first time collected, edited and translated by Douglas Hyde, T. Fisher Unwin, London, and M.H. Gill & Son, Dublin, 1906, 2 vols, (Irish text and English trans.)

Abhráin Diadha Chúige Connacht, T. Fisher Unwin, and M.H. Gill, 1905–6, 2 vols.; Vol. 1, parts 1–4; Vol. 2, parts 5–8. (Material originally published intermittently between June 1895 and June 1905 in *New Ireland Review*.)

A Selected Checklist

Sgéaluidhe fíor na Seachthmhaine, Gill & Son, Dublin, 1909. German trans. Kate Muller, *Irische Volksmarchen*, Ernst Rowohit, Berlin, 1920. French trans. H. Huerre, *La Semáine du Conteur Véridique, Sept Contes Populaires Irlandais*, Servan Malo, J. Plihon, Rennes, 1937. Welsh trans. Thomas Jones, Ystori Bob Nos, Gwasg Aberystwyth, Aberystwyth, 1944.

Legends of Saints and Sinners – collected and translated from the Irish by Douglas Hyde, Talbot Press, Dublin, 1915, (Every Irishman's Library).

The Stone of Truth and Other Irish Folk Tales, Irish Academic Press, Dublin, 1979, (abridged and selected by Gerard O'Flaherty from *Legends of Saints and Sinners*).

Gabhaltais Shearluis mhóir. The Conquests of Charlemagne, (ed. Douglas Hyde), Irish Texts Soc., London, 1917, (Irish Text Soc. Vol. XIX).

Amhráin Chúige Connacht. An Leath-Rann: Songs of Connacht, The Half Rann, Mártan Lester, Dublin, 1922, (Irish text, with English trans.)

Áille an Domhain – Uan Uladh, Brown & Nolan Co., Dublin, 1927.

Thomáis Uí Chathasigh, *Ocht Sgéalta Ó Choillta Mághach*, (ed. Douglas Hyde), Irish Folklore Commission, Dublin, 1936.

Mise agus an Connradh, Stationery Office, Dublin, 1937.

Tobar Mhuire – La Fontaine de N[otre] *– D*[ame] *– Une Légende Irlandaise avec vocabulaire et Notes*, Browne & Nolan, Dublin, 1937.

Mo Thurus go h'America, Stationery Office, Dublin, 1937, (with notes).

Sgéalta Thomáis Uí Chathasaigh: Mayo Stories told by Thomas Casey, (collected, ed. and trans. with notes by Douglas Hyde), The Educational Co. of Ireland, Dublin, 1939, (Irish Texts Soc. Vol. XXXVI.)

Prince Charlie and Flora, (privately printed at The Sign of The Three Candles), Dublin, 1942, (trans. from Scottish Gaelic by Douglas Hyde).

Deirdre – The first of The 'Three Sorrows or Pities of Story-Telling', Talbot Press, Dublin, 1939.

The Children of Lir – The Second of the 'Three Sorrows or Pities of Story-Telling', Talbot Press, Dublin, 1940.

The Children of Tuireann – The Third of the 'Three Sorrows or Pities of Story-Telling', Talbot Press, Dublin, 1941.

Songs of St. Columcille, (privately printed at the Talbot Press), Dublin, 1942.

Dánta Éagsamhla agus Béarla Curtha Ortha, (printed for the President of Ireland, by Colm Ó Lochlainn, at The Sign of The Three Candles), Dublin, 1943.

An Bhliadhain. The Year, Colm Ó Lochlainn, Dublin, 1944.

The Castle of Dromore, (English words by Harold Boulton, Irish trans. by Douglas Hyde), arranged by John F. Larchet, Pigott & Co., Dublin, 1949.

Poems from the Irish by Douglas Hyde, (ed. Monk Gibbon, Allen Figgis, Dublin 1963, (An Chomhairle Ealaíon Series of Irish Authors, No. 4).

Prose

The Last Three Centuries of Gaelic Literature, The Irish Literary Society, London, 1894.

The Story of Early Gaelic Literature, T. Fisher Unwin, London; and Sealy, Bryers & Walker, Dublin; and P.J. Kennedy, New York, 1895, (The New Irish Library, Vol. VI).

Selected Plays of Douglas Hyde

A Literary History of Ireland, T. Fisher Unwin, London, 1899, (Library of Literary History, Vol. 2).

A University Scandal, Elblana Press, Dublin, 1899, (Pamphlet on position of the Irish Language in TCD for private circulation only). Originally published in the *New Ireland Review*, Dublin, Dec. 1899, Vol. XII, pp. 193–204.

The Irish Language and Irish Intermediate Education, III, Dr. Hyde's Evidence, 1901, Gaelic League, Dublin, 1901, Gaelic League Pamphlet, No. 13.

The Irish Language and Irish Intermediate Education – Dr. Hyde's reply to Dr. Atkinson, 1901, np (?Gaelic League), Dublin, 1901, Gaelic League Pamphlet, No. 16.

The Gaelic League and Politics, Gaelic League (printed by Cahill & Co.), Dublin, 1915.

Catalogue of the Gilbert Library, (compiled by Douglas Hyde and David James O'Donoghue), Corporation of the City of Dublin, Dublin, 1918.

Spain and England, At The Sign of The Dove with The Griffin, Royal Leamington Spa, 1955, (printed for private circulation).

Poetry

Úbhla de'n Chraoibh, Gill & Son, Dublin, 1900. Trans. Lady Gregory, in *Poets and Dreamers*, (1903 edition, *op. cit.*)

Works Edited by Douglas Hyde

The New Irish Library, (ed. Douglas Hyde, Sir Charles Gavan-Duffy, Thomas William Hazen Rolleston, and Richard Barry O'Brien), T. Fisher Unwin, London; and Sealy, Byers & Walker, Dublin; and P.J. Kenedy, New York, 1893–97, 12 Vols.

Every Irishman's Library, (ed. Douglas Hyde, Alfred Perceval Graves, and William Magennis), T. Fisher Unwin, London, 1914–18; and Talbot Press, Dublin, 1918–19, 12 Vols.

Books About Douglas Hyde

Diarmid Coffey, *Douglas Hyde*, Maunsel & Co., Dublin and London, 1917, (Irishmen of Today Series, No. VI).

Diarmid Coffey, *Douglas Hyde, President of Ireland*, Talbot Press, Dublin, 1938.

Dominic Daly, *The Young Douglas Hyde – The Dawn of The Irish Revolution and Renaissance 1874–1893*, (with forward by Erskine Childers, President of Ireland), I.U.P., Shannon, 1974.

Gareth W. Dunleavy, *Douglas Hyde*, Bucknell University Press, Lewisburg; and A.U.P., London, 1974, (Irish Writers Series, No. 29).

Janet Egleson Dunleavy and Gareth W. Dunleavy, *Douglas Hyde: A Maker of Modern Ireland*, University of California Press, Berkeley, Los Angeles, and Oxford, 1991.

www.ingramcontent.com/pod-product-compliance
Lightning Source LLC
Chambersburg PA
CBHW031417290426
44110CB00011B/424